KAIGO no
SENMON NIHONGO

介護の専門日本語

介護福祉士国家試験合格をめざす人のために

西郡仁朗
NISHIGORI Jiro
［監修］

奥村匡子
OKUMURA Kyoko
野村　愛
NOMURA Ai
石井清志
ISHII Kiyoshi
［著］

にほんごの
BONJINSHA 凡人社

は じ め に

　本書はEPA（経済連携協定）で外国人介護師候補者として来日し、介護施設において2年目の就業と学習を行っているみなさんを主な対象としています。みなさんは普段の仕事に加えて日本語の勉強と介護福祉士国家試験を同時に行うという大変困難な状況にあります。これまでは日本語の勉強が中心で、徐々に専門分野の学習を増やしてきたのではないでしょうか。しかし、就業2年目となると、専門的な内容が徐々に難しくなってきていることでしょう。介護福祉の専門家と日本語教師の協働が必要です。

　その方法の一つとして、私たちの教育システムでは、本書を使った授業は日本語教師が行い、専門家からはビデオ講義を提供してもらい、またSNSでのアドバイスを組み合わせた方法をとっています。（後者については科学研究費基盤（B）「介護の日本語専門教育のモデルカルキュラムの策定とICTを利用した学習コースの開発」（研究代表者：西郡仁朗）を通じて一般公開していきます。）

　この教育方法の開発は、東京都立大学オープンユニバーシティ「介護福祉士を目指す人のための介護の専門日本語講座」、またその前身である東京都と首都大学東京（現東京都立大学）の「アジアと日本の将来を担う看護・介護人材の育成プロジェクト」の多くの方々の努力の結晶です。また、本教材は、佐賀大学　布尾勝一郎氏代表の研究チームが作成した「やさしい日本語を用いた介護の専門語彙学習教材」の一部を利用させていただきました。

　記して感謝したいと思います。

　高度な高齢化社会の日本には、みなさんのような外国人介護福祉士が必要です。今後とも皆さんが活躍できる社会を目指していきたいと思います。

2021年2月　西郡 仁朗

i

も く じ

はじめに　*i*

このテキストを使うみなさんへ　*v*

学びのサポート　*ix*

第1課

日常生活に関する支援　1

Topic1　ADL と IADL　*2*

Topic2　外出　*4*

Topic3　掃除と洗濯　*6*

国家試験問題を解こう　*9*

自分のことばで話してみましょう　*11*

クールダウン　*12*

第2課

食事と誤嚥　13

Topic1　行事食　*14*

Topic2　嚥下　*16*

Topic3　誤嚥　*18*

国家試験問題を解こう　*20*

自分のことばで話してみましょう　*22*

クールダウン　*23*

第3課

感染症　25

Topic1　代表的な感染症　*26*

Topic2　感染経路　*28*

Topic3　感染症の予防と対応　*30*

国家試験問題を解こう　*32*

自分のことばで話してみましょう　*35*

クールダウン　*36*

第4課

関節リウマチ　37

Topic1　関節リウマチの主な症状　*38*

Topic2　関節リウマチの治療　*40*

Topic3　日常生活の注意点　*42*

国家試験問題を解こう　*44*

Column　いろいろな自助具や杖　*46*

自分のことばで話してみましょう　*47*

クールダウン　*48*

第5課

パーキンソン病　49

Topic1　パーキンソン病の症状　*50*

Topic2　パーキンソン病の重症度分類　*52*

Topic3　パーキンソン病の治療・リハビリ　*54*

国家試験問題を解こう　*56*

自分のことばで話してみましょう　*58*

クールダウン　*59*

第6課

糖尿病　61

Topic1　糖尿病の概要　*62*

Topic2　糖尿病の3大合併症　*64*

Topic3　糖尿病の治療と予防　*66*

国家試験問題を解こう　68

自分のことばで話してみましょう　70

クールダウン　71

第7課

脳血管疾患　73

Topic1　脳血管疾患の分類　74

Topic2　脳血管疾患の症状　76

Topic3　脳血管疾患の治療と対応　78

Column　日本人に多い死因　80

国家試験問題を解こう　81

自分のことばで話してみましょう　85

クールダウン　86

第8課

認知症① 認知症の症状　87

Topic1　中核症状と周辺症状　88

Topic2　中核症状　90

Topic3　周辺症状　92

Column　長谷川式認知症スケール　95

国家試験問題を解こう　96

自分のことばで話してみましょう　99

クールダウン　100

第9課

認知症②

認知症の種類（四大認知症）101

Topic1　アルツハイマー型認知症　102

Topic2　血管性認知症　103

Topic3　レビー小体型認知症　104

Topic4　前頭側頭型認知症　105

国家試験問題を解こう　106

自分のことばで話してみましょう　109

クールダウン　110

第10課

高齢者や障害者への虐待　111

Topic1　虐待の種類　112

Topic2　高齢者虐待の調査　115

Topic3　高齢者と障害者に対する虐待
　　　　防止　117

国家試験問題を解こう　119

自分のことばで話してみましょう　121

クールダウン　122

第11課

介護福祉士に関する法律　123

Topic1　介護福祉士の法律　124

Topic2　介護福祉士の定義　126

Topic3　介護福祉士の義務など　128

国家試験問題を解こう　130

自分のことばで話してみましょう　132

クールダウン　133

第12課

介護保険① 介護保険制度　135

Topic1　介護保険制度の創設　136

Topic2　地域包括ケアシステム　138

Topic3　地域包括支援センター　140

国家試験問題を解こう　142

Column　介護保険法の改正　144

自分のことばで話してみましょう　145

クールダウン　146

第 **13** 課

介護保険②
介護保険のしくみとサービス

147

Topic1 介護保険の保険者と被保険者

148

Topic2 介護認定・利用者負担 150

Topic3 介護保険サービス 154

Column 生活の場を自宅から移して利用するサービス（施設サービス）

159

国家試験問題を解こう 161

自分のことばで話してみましょう 163

クールダウン 164

第 **14** 課

障害者福祉① 障害者の法制度

165

Topic1 障害者の定義 166

Topic2 障害者福祉制度の歴史 168

Topic3 障害者差別解消法 170

Column 障害者マーク 172

国家試験問題を解こう 173

自分のことばで話してみましょう 175

クールダウン 176

第 **15** 課

障害者福祉②
障害者総合支援法のサービス

177

Topic1 障害者総合支援法の概要

178

Topic2 自立支援システム 179

Topic3 障害者サービス①（介護給付）

182

Topic4 障害者サービス②（訓練等給付）

185

国家試験問題を解こう 188

自分のことばで話してみましょう 192

クールダウン 193

Column 復習しましょう 194

監修者・著者紹介 196

【別冊】解答と解説

このテキストを使うみなさんへ

　このテキストは、外国人介護職や介護の専門的な勉強をしている外国人の方々を対象にしています。介護福祉士国家試験と介護の仕事で必要とされる日本語や介護の基本的な専門知識が学べるように、学習をサポートします。

●国家試験合格をめざす外国人介護職に必要な力＝学習目標

　介護の仕事に専門的に関わったり、国家試験に合格するためにはどのような力が必要でしょうか。必要な力を身につけることが皆さんの学習目標になります。まずは、必要な力を考えてみましょう。

日本語力

①語彙力
仕事や勉強の支えになる基礎的な言葉（JLPT N3～N2程度）、介護に関する言葉
（例）「具体的」「安静」など

②正確に読む力
（例）国家試験問題の選択肢（1文）や事例問題（短文）、参考書などを読む

③介護現場で必要な日本語力
（例）専門用語を使って、症状を説明する、意見を言う、記録を書くなど

知識

④介護の専門知識・専門用語
（例）認知症の症状、介護保険サービス、補助具など

⑤日本の社会や文化的な知識
（例）日本の行事や料理、掃除や洗濯のし方など

学ぶ力

⑥自分で学ぶ力
（例）わからないことを自分で調べる、学習の計画や目標を立てる、周囲の人に協力してもらうなど

あなたがこれから勉強したいこと、もっと知りたいことは何ですか？　考えて書いてみましょう。

●このテキストでできること

①各課で何を学ぶかがわかる

- 学習の初めに、それぞれの課の学習目標を確認できます。
- 学習の終わりに、目標が達成できたか、確認して ☑ できます。

③実際の介護福祉士国家試験で日本語を学習できる

- 国家試験の問題を解きながら日本語が学習できます。
- 問題は国家試験によく出題された分野から選んでいます。

⑤自分で学ぶ力を身につける

- 言葉を自分で調べる活動があります。
- わからない専門用語などをいろいろと調べる活動ができます。

②専門的な文章がわかりやすい日本語で読める

- 介護に関係するさまざまな専門的な文章をわかりやすい日本語で読めます。
- 知識の整理や文章の内容を具体的に説明する活動など、専門的な文章を読んで、いろいろな日本語の活動ができるようになっています。

④自分の経験と結びつけて学習できる

- 自分の国や地域、介護現場での経験とつなげながら、学習ができます。
- 利用者の症状の説明や、「あなただったらどう対応するか」等、自分の意見を言う活動があります。

⑥インターネットに関連教材がある

- テキストのワークシートがありますので、学習に利用できます。
- もっとたくさん勉強したい人のために、「介護の専門日本語　ミニ講義シリーズ」など、学習に役立つサイトを紹介しています。

※詳しくは、凡人社のウェブサイトをご覧ください。

●テキストの内容と構成

　このテキストは、「高齢者の援助」「高齢者に多い病気」「社会福祉の制度」の3つのPARTからできています。それぞれの内容について、国家試験によく出る15の学習テーマを選びました。みなさんが学習しやすいように、「介護についての身近な話題」「利用者への対応に専門的な視点が必要な話題」「社会の制度や法律の話題」という順番になっています。このテキストは、どこから勉強してもいいです。必要なことや興味があることから勉強してみましょう。

PART1. 高齢者への援助

第1課 日常生活に関する支援

第2課 食事と誤嚥

第3課 感染症

介護についての
身近な話題

PART2. 高齢者に多い病気

第4課 関節リウマチ

第5課 パーキンソン病

第6課 糖尿病

第7課 脳血管疾患

第8課 認知症の症状

第9課 認知症の種類

専門的な視点が
必要な話題

PART3. 社会福祉の制度

第10課 高齢者や障害者への虐待

第11課 介護福祉士に関する法律

第12課 介護保険制度

第13課 介護保険のしくみとサービス

第14課 障害者の法制度

第15課 障害者総合支援法のサービス

社会の制度や
法律の話題

●各課の構成

+学習目標+ 🚩	各課の学習目標を示しています。課の学習が終わったら、学習をふりかえり ☑ をつけましょう。
+ウォーミングアップ+ 🤸	学習テーマに関して、皆さんが知っていることを確認したり、これから学習する内容について話したりします。質問は2つあります。
Topic **1**	学習テーマに関するトピックが3〜4あります。トピックでは、専門的な言葉や知識を学びます。
🔍 言葉を調べてみましょう	「読んでみましょう」の中から学習したほうがよい言葉（N2レベル・国家試験によく出る言葉など）を10語以内で選びました。言葉の読み方と意味を自分で調べましょう。
📝 やってみましょう	介護や生活に関する知識を調べながら整理をします。施設や利用者について説明する問題、介護サービスや障害者サービスについて調べる問題もあります。
📖 読んでみましょう	介護に関する専門的な文章を読みます。内容に関する質問や、図や表で基礎的な専門知識を整理します。学習した内容を介護の仕事と結びつけましょう。
Check!	トピックの内容が理解できているかを一問一答で確認します。国家試験問題の選択肢のような短い文を読みます。答えるためには文の内容を正確に理解することが必要です。
キーワード	各課の専門用語です。国家試験のための学習でキーワードとなる大切な言葉です。しっかり覚えましょう。
国家試験問題を解こう	学習した知識を使って、国家試験問題を解きます。「確認しましょう」では言葉の意味を確認し、語彙を増やします。答えを選んだ理由も日本語で説明しましょう。
自分のことばで話してみましょう	学習した内容や専門用語を使って、自分の経験や考え、利用者への対応等について話します。先輩たちの意見があるので、参考にしてください。学習内容と実際の介護の仕事を結びつけます。
クールダウン	各課の言葉と知識の理解をクイズで確認します。言葉の確認クイズと、内容に関する一問一答があります。間違えたところは、もう一度復習しましょう。

学びのサポート

1. テキストを使ってどのように学習するか考えよう

①基本の学習モデル

「第8課 認知症①」を例に、基本的な使い方を紹介します。

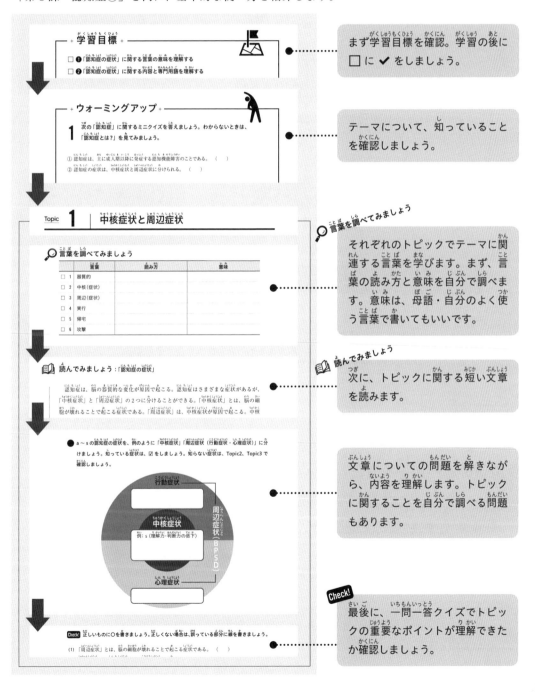

まず学習目標を確認。学習の後に □ に ✔ をしましょう。

テーマについて、知っていることを確認しましょう。

🔍言葉を調べてみましょう

それぞれのトピックでテーマに関連する言葉を学びます。まず、言葉の読み方と意味を自分で調べます。意味は、母語・自分のよく使う言葉で書いてもいいです。

📖読んでみましょう

次に、トピックに関する短い文章を読みます。

文章についての問題を解きながら、内容を理解します。トピックに関することを自分で調べる問題もあります。

最後に、一問一答クイズでトピックの重要なポイントが理解できたか確認しましょう。

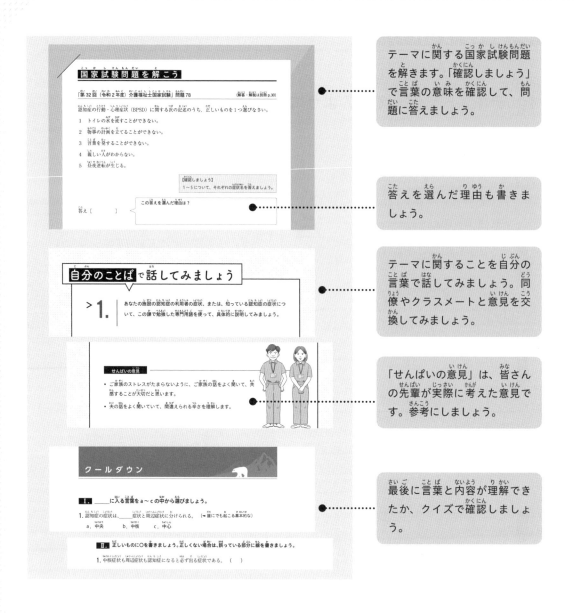

テーマに関する国家試験問題を解きます。「確認しましょう」で言葉の意味を確認して、問題に答えましょう。

答えを選んだ理由も書きましょう。

テーマに関することを自分の言葉で話してみましょう。同僚やクラスメートと意見を交換してみましょう。

「せんぱいの意見」は、皆さんの先輩が実際に考えた意見です。参考にしましょう。

最後に言葉と内容が理解できたか、クイズで確認しましょう。

②介護の専門知識を確認したい人へのおすすめの学習方法

まず国家試験問題に挑戦してみましょう。問題を解いたら、別冊の解説を読んで参考にしてください。問題が解けなかったら、トピックに戻って、復習しましょう。

「読んでみましょう」の文章を読んだり、「キーワード」の専門用語を確認したりしましょう。最後に、クールダウンの問題Ⅱを解いて、内容が理解できているか確認しましょう。

③介護現場で必要な「話す力」「書く力」をアップさせたい人へのおすすめの学習方法

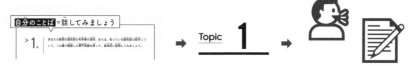

「自分のことばで話してみましょう」の問題をやってみましょう。実際の介護の仕事と結びつけながら、勉強すると理解が深まりますので、同僚に質問したり、施設のマニュアルを見たりしてみましょう。専門用語を忘れてしまった人は、Topicに戻って勉強しましょう。話したことを文章にして、日本語の先生に日本語のチェックをしてもらったり、先輩にアドバイスをもらったりするとよいでしょう。凡人社のウェブサイトからワークシートがダウンロードできます。

④近くに勉強する仲間がいない人へのおすすめの学習方法

同じ場所に集まって勉強できない人は、パソコンやスマートフォンをインターネットにつないで、友だちと一緒に勉強するとよいでしょう。わからないことを一緒に考えたり、意見交換をしたりすることができます。勉強する日と時間を決めるときに、pp.xiv ～ xvi の学習目標を見て、学習計画を立てるとよいでしょう。

[凡人社のウェブサイト]

このサイトでは、この他の学習方法も紹介しています。
ぜひ、参考にしてみてください。

2. 学習方法について考えよう

みなさんは、どのような学習していますか。学習方法はいろいろありますが、自分に合った方法を見つけることが大切です。自分の学習をふりかえり、どうやったら学習がうまくいくか考えてみましょう。

①自分の学習方法を確認してみましょう

NO.	質問	○△×
1	「国家試験に合格する」など、はっきりした学習の目標がある	
2	自分で計画を立てて学習をしている	
3	計画通りに学習ができているか、確認をしている	
4	学習に必要なテキスト、参考書、問題集等を自分で選んでいる	
5	いろいろな学習（例えば、施設や学校からの宿題等）を自分で整理しながら、学習をしている	
6	学習しているときに、わからないことがあったら、自分で調べる	
7	介護現場で、介護記録などを自分で読んで言葉を覚えている	
8	単語帳を作るなど、覚えるための工夫をしている	
9	他の候補者と一緒に学習をしている	
10	自分を励ましながら、学習をしている	

②学習の悩みについて考えてみましょう

≪先輩たちに聞いた学習の悩み≫
・専門知識が広くて新しいことを勉強したら、前に勉強したことを忘れてしまう。
・法律や介護サービスを覚えることです。
・わからない言葉は辞書で調べても、出てきません。
・1人で勉強するときは、勉強したことをあまり覚えていないです。

あなたの勉強の学習の悩みは？

③どのような工夫をしたら、学習の悩みや課題を解決できるか考えてみましょう

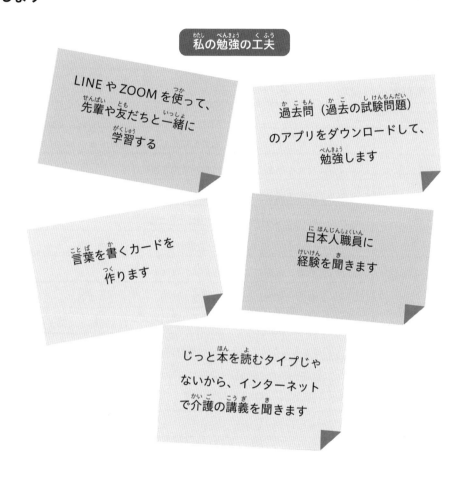

私の勉強の工夫

LINE や ZOOM を使って、先輩や友だちと一緒に学習する

過去問（過去の試験問題）のアプリをダウンロードして、勉強します

言葉を書くカードを作ります

日本人職員に経験を聞きます

じっと本を読むタイプじゃないから、インターネットで介護の講義を聞きます

あなたの勉強の工夫は？

学習が思うように進まないときは、先生や先輩に相談してみましょう。

3. 学習目標を確認しよう

まず、全体の学習目標を見てみましょう。そして、どこから学習するか計画を立てましょう。学習が終わったら□に✓をしましょう。

PART1. 高齢者への援助

学習テーマ	✓		学習目標
第1課 日常生活 に関する支援	□	1	「日常生活の支援」に関する言葉の意味を理解する
	□	2	「日常生活の支援」に関する知識を整理する
	□	3	「日常生活の支援」に関する国家試験問題の内容を理解して答える
	□	4	利用者への日常生活の支援について説明する
	□	5	自分の国と日本の掃除・洗濯の違いについて説明する
第2課 食事と誤嚥	□	1	「食事と誤嚥」に関する言葉の意味を理解する
	□	2	「食事と誤嚥」に関する文章を読み、内容を理解する
	□	3	「食事と誤嚥」に関する国家試験問題の内容を理解して答える
	□	4	自分の国と日本の文化（行事や食事）について説明する
	□	5	誤嚥予防で気をつけていることや対応を説明する
第3課 感染症	□	1	「感染症」に関する言葉の意味を理解する
	□	2	「感染症」に関する文章を読み、内容を理解する
	□	3	「感染症」に関する国家試験問題の内容を理解して答える
	□	4	感染症の症状や感染予防について説明する

PART2. 高齢者に多い病気

学習テーマ	✓		学習目標
第4課 関節リウマチ	□	1	「関節リウマチ」に関する言葉の意味を理解する
	□	2	「関節リウマチ（症状、治療、日常生活の注意点）」の内容と専門用語を理解する
	□	3	「関節リウマチ」に関する国家試験問題の内容を理解して答える
	□	4	介護職としての対応について専門用語を使いながら説明する

			学習目標
第5課 パーキンソン病	☐	1	「パーキンソン病」に関する言葉の意味を理解する
	☐	2	「パーキンソン病（症状、重症度分類、治療・リハビリ）」に関する内容と専門用語を理解する
	☐	3	「パーキンソン病」に関する国家試験問題の内容を理解して答える
	☐	4	介護職としての対応について専門用語を使いながら説明する
第6課 糖尿病	☐	1	「糖尿病」に関する言葉の意味を理解する
	☐	2	「糖尿病（概要、3大合併症、治療と予防）」に関する内容と専門用語を理解する
	☐	3	「糖尿病」に関する国家試験問題の内容を理解して答える
	☐	4	介護職としての対応について専門用語を使いながら説明する
第7課 脳血管疾患	☐	1	「脳血管疾患」に関する言葉の意味を理解する
	☐	2	「脳血管疾患（分類、症状、治療と対応）」に関する内容と専門用語を理解する
	☐	3	「脳血管疾患」に関する国家試験問題の内容を理解して答える
	☐	4	介護職としての対応について専門用語を使いながら説明する
第8課 認知症① 認知症の症状	☐	1	「認知症の症状」に関する言葉の意味を理解する
	☐	2	「認知症の症状」に関する内容と専門用語を理解する
	☐	3	「認知症」に関する国家試験問題の内容を理解して答える
	☐	4	介護職としての対応について専門用語を使いながら説明する
第9課 認知症② 認知症の種類（四大認知症）	☐	1	「四大認知症」に関する言葉の意味を理解する
	☐	2	「四大認知症」に関する内容と専門用語を理解する
	☐	3	「四大認知症」に関する国家試験問題の内容を理解して答える
	☐	4	介護職としての対応について専門用語を使いながら説明する

PART3. 社会福祉の制度

学習テーマ	☑		学習目標
第10課 高齢者や障害者への虐待	☐	1	「虐待」に関する言葉の意味を理解する
	☐	2	「虐待（虐待の種類、調査、法律）」に関する内容と専門用語を理解する
	☐	3	「虐待」に関する国家試験問題の内容を理解して答える
	☐	4	虐待防止について、説明をしたり、意見を述べたりする

第 11 課 かいごふくしし かん 介護福祉士に関する ほうりつ 法律	☐ 1	かいごふくしし ほうりつ ていぎ ぎむ かん ことば いみ りかい 「介護福祉士の法律、定義、義務」に関する言葉の意味を理解する
	☐ 2	かいごふくしし ほうりつ ていぎ ぎむ かん ないよう せんもんようご りかい 「介護福祉士の法律、定義、義務」に関する内容と専門用語を理解する
	☐ 3	かいごふくしし かん こっかしけんもんだい ないよう りかい こた 「介護福祉士」に関する国家試験問題の内容を理解して答える
	☐ 4	かいごふくしし しごと ぐたいれい しめ せつめい 介護福祉士の仕事について具体例を示して説明する
第 12 課 だい か 介護保険① かいごほけん 介護保険制度 かいごほけんせいど	☐ 1	かいごほけんせいど かん ことば いみ りかい 「介護保険制度」に関する言葉の意味を理解する
	☐ 2	かいごほけんせいど ないよう せんもんようご りかい 「介護保険制度」の内容と専門用語を理解する
	☐ 3	かいごほけんせいど かん こっかしけんもんだい ないよう りかい こた 「介護保険制度」に関する国家試験問題の内容を理解して答える
	☐ 4	じぶん くに ちいき かいご ちいきほうかつしえん せつめい 自分の国や地域の介護や地域包括支援センターについて、説明する
第 13 課 だい か 介護保険② かいごほけん 介護保険のしくみと かいごほけん サービス	☐ 1	かいごほけん かん ことば いみ りかい 「介護保険」に関する言葉の意味を理解する
	☐ 2	かいごほけん ほけんじゃ ひほけんしゃ かいごにんてい りようしゃふたん かいごほけん 「介護保険（保険者・被保険者、介護認定・利用者負担、介護保険サービス）」 かん ないよう せんもんようご りかい に関する内容と専門用語を理解する
	☐ 3	かいごほけん かん こっかしけんもんだい ないよう りかい こた 「介護保険」に関する国家試験問題の内容を理解して答える
	☐ 4	じぶん しせつ せつめい おも かいご いけん 自分の施設について説明したり、よいと思う介護サービスについて意見 の を述べたりする
第 14 課 だい か 障害者福祉① しょうがいしゃふくし 障害者の法制度 しょうがいしゃ ほうせいど	☐ 1	しょうがいしゃふくし かん ことば いみ りかい 「障害者福祉」に関する言葉の意味を理解する
	☐ 2	しょうがいしゃふくし しょうがいしゃ ていぎ しゃかいふくしせいど れきし しょうがいしゃ かん おも 「障害者福祉（障害者の定義、社会福祉制度の歴史、障害者に関する主 ほうりつ かん ないよう せんもんようご りかい な法律）」に関する内容と専門用語を理解する
	☐ 3	しょうがいしゃふくし かん こっかしけんもんだい ないよう りかい こた 「障害者福祉」に関する国家試験問題の内容を理解して答える
	☐ 4	じぶん くに ちいき しょうがいしゃ ほうりつ せつめい いけん の 自分の国や地域の障害者の法律について説明したり、意見を述べたりする
第 15 課 だい か 障害者福祉② しょうがいしゃふくし 障害者総合支援法の しょうがいしゃそうごう しえんほう サービス	☐ 1	しょうがいしゃそうごうしえんほう かん ことば いみ りかい 「障害者総合支援法」に関する言葉の意味を理解する
	☐ 2	しょうがいしゃそうごうしえんほう がいよう じりつしえん しょうがいしゃ かん 「障害者総合支援法（概要、自立支援システム、障害者サービス）」に関 ないよう せんもんようご りかい する内容と専門用語を理解する
	☐ 3	しょうがいしゃそうごうしえんほう かん こっかしけんもんだい ないよう りかい こた 「障害者総合支援法」に関する国家試験問題の内容を理解して答える
	☐ 4	しょうがいしゃ たい せつめい おも 障害者に対するサービスについて説明したり、よいと思うサービスにつ いけん の いて意見を述べたりする

第 1 課　日常生活に関する支援

＋ 学習目標 ＋

- ☐ ❶「日常生活の支援」に関する言葉の意味を理解する
- ☐ ❷「日常生活の支援」に関する知識を整理する
- ☐ ❸「日常生活の支援」に関する国家試験問題の内容を理解して答える
- ☐ ❹ 利用者への日常生活の支援について説明する
- ☐ ❺ 自分の国と日本の掃除・洗濯の違いについて説明する

＋ ウォーミングアップ ＋

1 介護施設の行事などで利用者と出かけることがありますか。出かける前にどんな準備をしますか。

2 介護施設で掃除のときに使う道具を 3 つ書きましょう。

(　　　　　　　　　)　(　　　　　　　　　)　(　　　　　　　　　)

日常生活で行う基本的な動作にはどんなものがありますか。

🔍 言葉を調べてみましょう

	言葉	読み方	意味
☐ 1	日常生活		
☐ 2	基本的な		
☐ 3	具体的な		
☐ 4	身の回り		
☐ 5	整容		
☐ 6	家事		
☐ 7	金銭管理		
☐ 8	応用的な		

● 言葉を確認しましょう。

あなたはいつもどんな「家事」をしていますか。

📖 読んでみましょう：「ADL と IADL」

　　ADL（activities of daily living）は、日本語で日常生活動作という。食事、排泄、入浴など、人が毎日の生活を送るための基本的動作のことである。ADL には、身の回りの動作（具体的には、食事、整容、着替え、入浴、排泄）や移乗・移動がある。IADL（instrumental activities of daily living）は、手段的日常動作という。電話をかける、電車に乗る（交通機関の利用）、買い物、家事、金銭管理など、応用的動作のことである。

キーワード	ADL ／ IADL	➡️📖

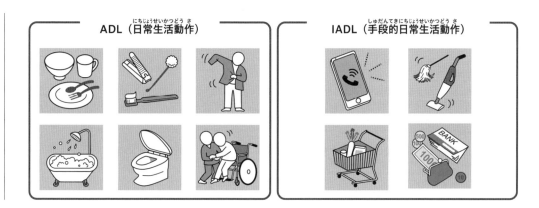

ADL（日常生活動作）　　　　IADL（手段的日常生活動作）

✎ やってみましょう

❶ 文章を読んで、次の動作を ADL（日常生活動作）と IADL（手段的日常生活動作）に分けてみましょう。この他に知っているものがあれば書いてみましょう。

① 食事　　② 排泄　　③ 調理　　④ 洗濯　　⑤ 着替え　　⑥ 移乗　　⑦ 入浴

⑧ 金銭管理　　⑨ 移動　　⑩ 交通機関の利用　　⑪ 買い物　　⑫ 整容

ADL（日常生活動作）	IADL（手段的日常生活動作）

❷ あなたが担当している利用者は、次の①〜③の ADL が自立しています（一人でできます）か。

① 食事　　② 排泄　　③ 入浴

❸ 日常生活動作に分類されるものはどれですか。正しいものを 1 つ選びなさい。

① 買い物　　② 調理　　③ 洗濯　　④ 入浴　　　　（　　　）

Check! 次の文が正しい場合は、〇を書きましょう。正しくない場合は、誤っている部分に線を書きましょう。

ADL とは人が毎日の生活を送るための応用的動作のことである。　（　　　）

キーワード　日常生活動作／手段的日常生活動作　　　　　　　➡

言葉を調べてみましょう
ことば しら

	言葉 ことば	読み方 よ かた	意味 い み	やったことがある
☐ 1	同行する			
☐ 2	不足品			
☐ 3	購入する			
☐ 4	整理する			
☐ 5	確認する			
☐ 6	防暑・防寒			
☐ 7	急な			
☐ 8	下り坂			
☐ 9	前向き			
☐ 10	歩行速度			

● 次のことをやったことがありますか。どんなこと（介助）をしますか。
つぎ   かいじょ

① 利用者の外出に同行する
りようしゃ がいしゅつ どうこう

② 暑さ対策（防暑）
あつ たいさく ぼうしょ

③ 寒さ対策（防寒）
さむ たいさく ぼうかん

やってみましょう1

❶ 利用者の外出に同行するときは、利用者がすることを確認しておく必要があります。次の表
りようしゃ がいしゅつ どうこう   りようしゃ   かくにん   ひつよう   つぎ ひょう
は、買い物で、利用者がすることを整理したものです。④⑥⑧に入るのは a 〜 c のどれで
か もの りようしゃ   せいり   はい
すか。

```
a．購入したものを整理する、しまう
   こうにゅう        せいり

b．おつりをもらう

c．店まで移動する
   みせ   いどう
```

	利用者がすること
買い物の前	① 日常生活の不足品を確認して、購入するものを決める
	② 財布にお金が入っているか、確認する
	③ どこの店に行くか、決める
	④ （　　　　　）
買い物の間	⑤ 購入するものを選ぶ
	⑥ お金を払う・（　　　　　）
買い物の後	⑦ 家まで移動する
	⑧ （　　　　　）

❷ 買い物に行くとき、①〜⑧以外で利用者がすることがあれば、話しましょう。

❸ 買い物に行くとき、介護者はどんな支援をするか、話しましょう。
（例：防暑・防寒対策）

✎ やってみましょう2

❶ 車いすの利用者と外出するとき、どのような準備や支援をしていますか。

❷ 車いす介助では、転倒や転落を予防して介助することが重要です。
外出時の車いすの介助法として、適切なものに○、適切ではないものに×をつけましょう。

① 急な下り坂で、前向きで介助して下りた。　（　　　）

② 介護者の歩行速度より速いスピードで車いすを押して移動した。　（　　　）

Check! 次の文が正しい場合は、○を書きましょう。正しくない場合は、誤っている部分に線を書きましょう。

利用者の外出に同行するときには、利用者の行動を確認しておく必要がある。　（　　　）

言葉を調べてみましょう1

		言葉	読み方	意味
☐	1	散布する		
☐	2	茶殻		
☐	3	まく	——	
☐	4	拭く		
☐	5	干す		
☐	6	防虫剤		
☐	7	嘔吐物		
☐	8	漂白剤		
☐	9	日当たり		
☐	10	日陰		

❶ 次の物を使ったことがありますか。使ったことがあるものに ☑ をしましょう。インターネットで写真も調べてみましょう。

☐ カビ取り剤　　☐ 防虫剤　　☐ 茶殻　　☐ 漂白剤　　☐ 液体洗剤　　☐ 柔軟剤

❷ 図のように干したことがありますか。
何を干しましたか。

☐ 平干し

☐ つり干し

やってみましょう

❶ 掃除

(1) あなたの家や施設では、次の場所を掃除するときどのように掃除しますか。話してみましょう。
① 玄関　　② 窓ガラス　　③ 浴室

(2) 次の①〜④は掃除に関する動作です。具体的に何をするか調べてみましょう。
① カビ取り剤を散布する　　② 茶殻をまく　　③ 畳の目にそって畳を拭く

キーワード　掃除・洗濯（生活援助）

❷ 洗濯

(1) あなたの家や施設では、次のものを洗濯するときどのように洗濯しますか。話してみましょう。
① 利用者の服　　　② セーター　　　③ 嘔吐物が付いたシャツ

(2) 次の洗濯マークの意味をa～eの中から選びましょう。わからないときは調べてみましょう。

① 　　② 　　③

（　　）　　　　　　（　　）　　　　　　（　　）

④ 　　⑤

（　　）　　　　　　（　　）

a．手洗いで洗える　　b．漂白剤が使える　　c．平干し
d．アイロン禁止　　e．つり干し

(3) 「日当たりのよい場所」で干すものと、「日陰」で干すものは洗濯マークが違います。

　a、bどちらのマークが「日陰」で干すものですか。わからない場合は調べてみましょう。

　　　a．□│　　b．□／

（　　）

(4) あなたは洗濯で、日当たりのよい場所で干すものと、日陰で干すものを分けていますか。
　　どんなものを日陰で干しますか。

（　　　　　　　　　　　　　　　　　　　　　　　　　　　　　　　　）

● あなたはどんな素材の服をよく着ますか。服についているタグを見て、答えましょう。
　（例：綿、ポリエステル、アクリル）

キーワード	洗濯マーク（洗濯表示）／衣類の素材（綿、アクリルなど）	➡📖

🔍 言葉を調べてみましょう2

	言葉(ことば)	読み方(よみかた)	意味(いみ)
☐ 1	塩素系漂白剤		
☐ 2	漂白力		
☐ 3	柄		
☐ 4	素材		
☐ 5	酸素系漂白剤		

📖 読(よ)んでみましょう:「漂白剤(ひょうはくざい)の使(つか)い方(かた)」

　塩素系漂白剤(えんそけいひょうはくざい)は、漂白力(ひょうはくりょく)が強(つよ)いので、服(ふく)の色(いろ)がなくなってしまうことがある。色(いろ)や柄(がら)がある服(ふく)（色柄物(いろがらもの)）には使用(しよう)できない。また、綿(めん)・麻(あさ)・ポリエステル・アクリルなどの素材(そざい)だけに使(つか)える。

　一方(いっぽう)、酸素系漂白剤(さんそけいひょうはくざい)は、漂白力(ひょうはくりょく)が弱(よわ)いので、白(しろ)い服(ふく)にも色(いろ)や柄(がら)がある服(ふく)にも使用(しよう)することができる。

（参考(さんこう):漂白剤(ひょうはくざい)の「塩素系(えんそけい)」と「酸素系(さんそけい)」の違(ちが)いは何(なに)？：https://www.kao.com/jp/qa_cate/clothbleach_01_01.html）

● 漂白剤(ひょうはくざい)の使(つか)い方(かた)を整理(せいり)しましょう。使(つか)えるものに〇、使(つか)えないものに×を書(か)きましょう。

	色柄物(いろがらもの)	白物(しろもの)	アクリル素材(そざい)
塩素系漂白剤(えんそけいひょうはくざい)	① 〇 ・ ×	② 〇 ・ ×	③ 〇 ・ ×
酸素系漂白剤(さんそけいひょうはくざい)	④ 〇 ・ ×	⑤ 〇 ・ ×	

Check! 次(つぎ)の文(ぶん)が正(ただ)しい場合(ばあい)は、〇を書(か)きましょう。正(ただ)しくない場合(ばあい)は、誤(あやま)っている部分(ぶぶん)に線(せん)を書(か)きましょう。

　このマークは、漂白(ひょうはく)ができないという意味(いみ)の洗濯(せんたく)マークである。　（　　）

🔍 **キーワード**　塩素系漂白剤(えんそけいひょうはくざい)／酸素系漂白剤(さんそけいひょうはくざい)　 📖➡️

「第31回（平成30年度）介護福祉士国家試験」問題40 （解答・解説は別冊 p.24）

入居施設で生活する利用者が車いすを使用して外出するときに，介護福祉職が計画，準備することとして，最も優先すべきものを1つ選びなさい。

1 長時間の外出を企画する❶。

2 家族に同行を依頼する。

3 外出先の経路情報❷を集める。

4 折り畳み傘❸を用意する。

5 介助ベルト❹を用意する。

【確認しましょう】
下線部の言葉❶～❹の意味を確認しましょう。
❶外出を企画する　　❷経路情報　　❸折り畳み傘　　❹介助ベルト

答え［　　　　　］ ◁ この答えを選んだ理由は？

「第30回（平成29年度）介護福祉士国家試験」問題37 （解答・解説は別冊 p.24）

利用者の自宅の清掃を行うときの注意点として，最も適切なものを1つ選びなさい。

1 玄関は乾燥した茶殻をまいて掃く。

2 窓ガラスは最初に乾いた雑巾で拭く。

3 畳は畳の目に沿って拭く。

4 浴室にカビ取り剤を散布するときは窓を閉める。

5 はたきを使った掃除は低いところから始める。

答え［　　　　　］ ◁ この答えを選んだ理由は？

「第 30 回（平成 29 年度）介護福祉士国家試験」問題 55
（解答・解説は別冊 p.24）

洗濯に関する次の記述のうち，最も適切なものを 1 つ選びなさい。

1　ほころびや破れがあるものは，修理してから洗濯する。

2　色が移るのを防ぐために，素材の違うものは分けて洗濯する。

3　嘔吐物で汚れたカシミヤのセーターは，塩素系漂白剤につけてから洗濯する。

4　ファスナーは開けた状態で洗濯する。

5　マジックテープは，はずした状態で洗濯する。

答え［　　　　］ この答えを選んだ理由は？

「第 31 回（平成 30 年度）介護福祉士国家試験」問題 55
（解答・解説は別冊 p.24）

利用者から洗濯を依頼された。以下に示す取扱い表示がある場合，乾燥の方法として，適切なものを 1 つ選びなさい。

1　日当たりのよい場所でつり干しする。

2　日陰でつり干しする。

3　日当たりのよい場所で平干しする。

4　日陰で平干しする。

5　乾燥機を使って高温で乾燥する。

【確認しましょう】
「日当たりのよい場所で干すもの」と「日陰で干すもの」の洗濯マークの違い

答え［　　　　］ この答えを選んだ理由は？

10

自分のことば で 話してみましょう

> **1.** あなたが担当している利用者は、ADL が自立していますか。利用者について説明しましょう。また、あなたは利用者にどのような日常生活の介助や支援をしていますか。**せんぱいの意見を参考に、具体的に説明しましょう。**

> **2.** あなたの国と日本の掃除や洗濯を比べて、同じ点や違っている点について書きましょう。

せんぱいの意見

- 私の担当している利用者は、ADL、IADL は自立していません。日常生活の中で食事介助、入浴介助、排泄介助を行います。移乗介助とトイレ誘導もしています。

- 私の担当している利用者は「ADL」が一部自立していますが、「IADL」が自立していません。利用者ができないことを介助します。入浴介助、排せつ介助、掃除、洗濯、調理等を介助します。

I. 〔　〕の意味の言葉をa～cの中から選び、＿＿＿に入れましょう。

1. IADL には、＿＿＿管理等が含まれる 〔☛お金〕
   a．金銭　　　　b．金属　　　　c．金曜

2. 日常生活の＿＿＿品を購入する。〔☛足りない〕
   a．充足　　　　b．不足　　　　c．満足

3. 浴室にカビ取り剤を＿＿＿。〔☛広くまく〕
   a．散布する　　　　b．散歩する　　　　c．配布する

4. 畳の目にそって、ぞうきんで＿＿＿。〔☛布や紙で物の汚れをとる〕
   a．掃く　　　　b．拭く　　　　c．まく

5. ＿＿＿が強いと、色や柄がついている服が白くなってしまう。〔☛布などを白くする力〕
   a．洗浄力　　　　b．洗濯力　　　　c．漂白力

II. 正しいものに〇を書きましょう。正しくない場合は、誤っている部分に線を書きましょう。

1. 入浴は ADL に分類される。（　　）

2. 交通機関の利用は ADL に分類される。（　　）

3. 移乗や移動は IADL に分類される。（　　）

4. 塩素系漂白剤は、色や柄のついた服に使用する。（　　）

5. 利用者が車いすで外出するとき、介護福祉職は外出先の経路情報を集めておく。（　　）

介護職は利用者の生活を支援します。利用者の生活をサポートするためには介護に関する知識や技術、コミュニケーション技法も学ぶ必要があります。毎日少しずつがんばりましょう！

第 2 課　食事と誤嚥
しょくじ　ごえん

学習目標
がくしゅうもくひょう

- ☐ ❶「食事と誤嚥」に関する言葉の意味を理解する
  しょくじ　ごえん　　かん　　　　ことば　いみ　りかい
- ☐ ❷「食事と誤嚥」に関する文章を読み、内容を理解する
  しょくじ　ごえん　　かん　　　ぶんしょう　よ　　　　ないよう　りかい
- ☐ ❸「食事と誤嚥」に関する国家試験問題の内容を理解して答える
  しょくじ　ごえん　　かん　　　こっかしけんもんだい　ないよう　りかい　　　こた
- ☐ ❹自分の国と日本の文化（行事や食事）について説明する
  じぶん　くに　にほん　ぶんか　ぎょうじ　しょくじ　　　　　　せつめい
- ☐ ❺誤嚥予防で気をつけていることや対応を説明する
  ごえんよぼう　き　　　　　　　　　　　たいおう　せつめい

ウォーミングアップ

1 あなたの施設では季節の行事で、どのようなことをしますか。何を食べますか。
　　しせつ　　きせつ　ぎょうじ　　　　　　　　　　　　　　　　なに　た

2 食事介助をしているときに、利用者が誤嚥したことがありますか。そのとき、どう
　　しょくじかいじょ　　　　　　　　　りようしゃ　ごえん
しましたか。

あなたの<ruby>国<rt>くに</rt></ruby>や<ruby>地域<rt>ちいき</rt></ruby>では、お<ruby>正月<rt>しょうがつ</rt></ruby>にどんなものを<ruby>食<rt>た</rt></ruby>べますか。

🔍 <ruby>言葉<rt>こと ば</rt></ruby>を<ruby>調<rt>しら</rt></ruby>べてみましょう

		<ruby>言葉<rt>こと ば</rt></ruby>	<ruby>読み方<rt>よ かた</rt></ruby>	<ruby>意味<rt>い み</rt></ruby>
☐	1	行事		
☐	2	時期		
☐	3	お節料理		
☐	4	柏餅		
☐	5	うなぎのかば焼き		
☐	6	ちまき	——	
☐	7	ちらし寿司		
☐	8	主菜		
☐	9	副菜		
☐	10	汁物		

❶ <ruby>次<rt>つぎ</rt></ruby>の<ruby>食<rt>た</rt></ruby>べ<ruby>物<rt>もの</rt></ruby>を<ruby>見<rt>み</rt></ruby>たことや<ruby>食<rt>た</rt></ruby>べたことがありますか。<ruby>見<rt>み</rt></ruby>たことや<ruby>食<rt>た</rt></ruby>べたことがあるものに ☑
をしましょう。また、「<ruby>柏餅<rt>かしわもち</rt></ruby>」のようにインターネットで<ruby>絵<rt>え</rt></ruby>や<ruby>写真<rt>しゃしん</rt></ruby>を<ruby>調<rt>しら</rt></ruby>べてみましょう。

☐ <ruby>柏餅<rt>かしわもち</rt></ruby>　　☐ <ruby>恵方巻<rt>え ほうまき</rt></ruby>　　☐ <ruby>お節料理<rt>せちりょうり</rt></ruby>　　☐ ちまき

☐ うなぎのかば<ruby>焼<rt>や</rt></ruby>き　　☐ ちらし<ruby>寿司<rt>ず し</rt></ruby>

<ruby>柏餅<rt>かしわもち</rt></ruby>

❷ ❶の<ruby>他<rt>ほか</rt></ruby>に<ruby>知<rt>し</rt></ruby>っている<ruby>行事<rt>ぎょうじ</rt></ruby>の<ruby>食<rt>た</rt></ruby>べ<ruby>物<rt>もの</rt></ruby>があったら、<ruby>書<rt>か</rt></ruby>いてください。

キーワード　<ruby>行事食<rt>ぎょう じ しょく</rt></ruby>　　　➡📖

✎ やってみましょう

❶ 例のように、適したものに線を引きましょう。

＊地域によって違う

【行事の名前】　　　　　　　　　　【時期】　　　　　　【すること／主な行事食】

例　正月　　　　　　　　　　　・　a. 2月3日　　　・　ア. 豆をまく／恵方巻

① 節分　　　　　　　　　・　b. 1月1日　　　・　イ. ひな人形を飾る／ちらし寿司

② 桃の節句（ひな祭り）　・・　c. 5月5日　　　・　ウ. 初詣に行く／お節料理

③ 七夕　　　　　　　・　・　d. 7月7日　　　・　エ. こいのぼりを飾る／柏餅

④ 端午の節句（こどもの日）・・　e. 3月3日　　　・　オ. 笹に願い事を飾る

⑤ 土用の丑の日　　　・　・　f. 毎年違う日　　・　カ. うなぎのかば焼き

❷ 下の絵は和食を配膳するときの位置です。「主菜・副菜・汁物」はどれでしょう。▭に書きましょう。

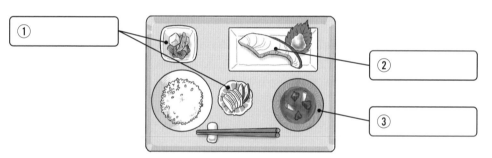

```
①
②
③
```

❸ あなたの施設では、食事にどのような「主菜・副菜・汁物」が出ますか。

1	主菜	
2	副菜	
3	汁物	

Check! 次の文が正しい場合は、○を書きましょう。正しくない場合は、誤っている部分に線を書きましょう。

3月3日の桃の節句（ひな祭り）に、柏餅を食べる。（　　）

キーワード　季節の行事／主菜／副菜／汁物／主食　　　　➡

🔍 言葉（ことば）を調（しら）べてみましょう

		言葉（ことば）	読（よ）み方（かた）	意味（いみ）
☐	1	摂食		
☐	2	嚔下する		
☐	3	判断する		
☐	4	咀しゃくする		
☐	5	食塊		
☐	6	口腔		
☐	7	咽頭		
☐	8	食道		
☐	9	気管		
☐	10	喉		

● 次（つぎ）の器官（きかん）の場所（ばしょ）を右（みぎ）の図（ず）の◯に書（か）きましょう。

a．口腔（こうくう）　　b．咽頭（いんとう）

c．食道（しょくどう）　　d．気管（きかん）

図（ず）の言葉（ことば）

　鼻腔（びくう）・舌（した）

　喉頭（こうとう）・声帯（せいたい）

鼻腔

① 舌 ②

喉頭
声帯

③ ④

📖 読（よ）んでみましょう：「摂食（せっしょく）・嚔下（えんげ）のプロセス」

　食（た）べ物（もの）を食（た）べて飲（の）み込（こ）む動作（どうさ）は5段階（だんかい）に分（わ）けられる。まず、食（た）べる前（まえ）に食（た）べ物（もの）の形（かたち）や固（かた）さなどを判断（はんだん）する（先行期（せんこうき））。次（つぎ）に、食（た）べ物（もの）を口（くち）の中（なか）に入（い）れて咀（そ）しゃくして、飲（の）み込（こ）みやすい形（かたち）にまとめて食塊（しょっかい）を作（つく）る（準備期（じゅんびき））。そして、食塊（しょっかい）を咽頭（いんとう）に運（はこ）ぶ（口腔期（こうくうき））。そして、食塊（しょっかい）を飲（の）み込（こ）んで、咽頭（いんとう）から食道（しょくどう）へ送（おく）る（咽頭期（いんとうき））。最後（さいご）に、食塊（しょっかい）を食道（しょくどう）から胃（い）に送（おく）る（食道期（しょくどうき））。

キーワード	咽頭（いんとう）／嚔下（えんげ）のプロセス／食塊（しょっかい）	➡📖

● 文章を読んで、食べる動作の順番について例のように言葉を書きましょう。

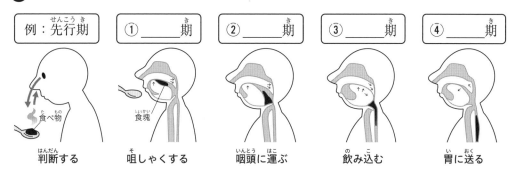

例：先行期	① ___期	② ___期	③ ___期	④ ___期
判断する	咀しゃくする	咽頭に運ぶ	飲み込む	胃に送る

✏️ やってみましょう

❶ 次のa〜nの食べ物を嚥下しやすい食べ物と、嚥下しにくい食べ物に分けて、下の表の「①主な食べ物」に書きましょう。あなたの施設の食事の中に、a〜n以外の食べ物があれば、「②あなたの施設の食べ物」に書いてみましょう。

a．シチュー b．のり c．わかめ d．プリン e．だんご
f．固ゆで卵 g．お茶 h．こんにゃく i．せんべい j．ゼリー
k．カステラ l．おかゆ m．うどんやそばなど長いもの n．酢の物

食べ物の種類	① 主な食べ物	② あなたの施設の食べ物
嚥下しやすい食べ物	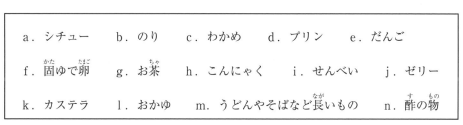	
嚥下しにくい食べ物		

❷ 「嚥下しやすい食べ物」「嚥下しにくい食べ物」の特徴は何ですか。調べてみましょう。

① 嚥下しやすい食べ物の特徴 （例：とろみがあるもの）
② 嚥下しにくい食べ物の特徴 （例：かたいもの、すっぱいもの）

Check! 次の文が正しい場合は、〇を書きましょう。正しくない場合は、誤っている部分に線を書きましょう。

摂食・嚥下のプロセスで、食塊が咽頭に運ばれる時期を咽頭期という。 （　　）

| キーワード | 嚥下しやすい食べ物／嚥下しにくい食べ物 | → |

言葉を調べてみましょう

		言葉	読み方	意味
☐	1	異物		
☐	2	(気管)内		
☐	3	むせる	——	
☐	4	障害		
☐	5	意識状態		
☐	6	低下する		
☐	7	詰まる		
☐	8	窒息する		
☐	9	姿勢		
☐	10	適切		

● あなたは、どのようなときにむせますか。

読んでみましょう：「誤嚥」

　　誤嚥とは食物や異物が気管内に入ってしまうことである。気管に食物や異物が入るとむせる。誤嚥は、嚥下痛、嚥下に関する神経・筋に障害がある場合や、意識状態が低下している場合等に起きやすい。高齢者は誤嚥性肺炎になりやすいので注意が必要である。誤嚥した場合は食物や異物が喉に詰まって窒息する危険性もあるので、食物または異物をすぐに取る。誤嚥予防には食事の姿勢を適切にすることが重要である。

（参考：「WAM NET」https://www.wam.go.jp/content/wamnet/pcpub/top/）

キーワード | 誤嚥／誤嚥性肺炎／嚥下性肺炎　　　　➡📖

❶ 「誤嚥」に関する文章を読んで、内容を理解しましょう。

① 誤嚥とは、どのようなことを言いますか。

食べ物や異物が＿＿＿＿＿＿＿＿＿＿＿＿＿＿＿＿＿＿＿＿こと

② 誤嚥は、どのような場合に起きやすいですか。

＿＿＿＿＿＿＿＿＿、＿＿＿＿＿＿＿＿＿＿＿＿＿＿＿＿＿＿＿
がある場合や、＿＿＿＿＿＿＿＿＿＿＿＿＿＿＿＿＿＿場合

③ 高齢者の場合、誤嚥が原因でどのような病気になりやすいですか。

＿＿＿＿＿＿＿＿＿＿＿＿＿＿＿＿＿＿＿

④ 誤嚥して、食べ物などがのどに詰まると、どのような危険性がありますか。

＿＿＿＿＿＿＿＿＿の危険性

⑤ 高齢者が誤嚥した場合、介助者は何をしなければならないですか。

＿＿＿＿＿＿＿＿＿＿＿＿＿＿＿＿＿＿＿

❷ 文章の中で誤嚥の予防にはどのようなことが重要だと書いてありましたか。

＿＿＿＿＿＿＿＿＿を適切にすることが重要

❸ あなたの施設では、誤嚥を予防するためにどんなことを行っていますか。

• ＿＿＿＿＿＿＿＿＿＿＿＿＿＿＿＿＿＿＿＿＿＿＿＿＿＿＿
• ＿＿＿＿＿＿＿＿＿＿＿＿＿＿＿＿＿＿＿＿＿＿＿＿＿＿＿

Check! 次の文が正しい場合は、〇を書きましょう。正しくない場合は、誤っている部分に線を書きましょう。

高齢者は、誤嚥が原因で肺炎になることがある。　（　　）

キーワード　誤嚥の予防　　　　　　　　　　　　　　　➡📖

国家試験問題を解こう

「第 30 回（平成 29 年度）介護福祉士国家試験」問題 52　　　　　　（解答・解説は別冊 p.25）

季節や行事と食事の組合せとして，最もふさわしいものを 1 つ選びなさい。

1　節分　　　　　　　　　　　　→お節料理

2　桃の節句（ひな祭り）　　　　→柏餅

3　七夕　　　　　　　　　　　　→七草粥

4　土用の丑の日　　　　　　　　→うなぎのかば焼き

5　冬至　　　　　　　　　　　　→ちまき

答え［　　　　　］　　　< この答えを選んだ理由は？

「第 29 回（平成 30 年度）介護福祉士国家試験」問題 57　　　　　　（解答・解説は別冊 p.25）

和食の基本的な配膳の位置として，正しいものを 1 つ選びなさい。

（注）右利きの場合である。

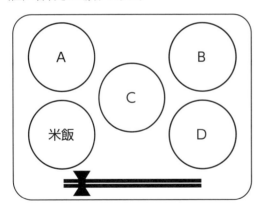

1　A汁物　　B副菜　　C副菜　　D主菜

2　A主菜　　B汁物　　C副菜　　D副菜

3　A主菜　　B副菜　　C副菜　　D汁物

4　A副菜　　B副菜　　C主菜　　D汁物

5　A副菜　　B主菜　　C副菜　　D汁物

答え［　　　　　］　　　< この答えを選んだ理由は？

介護の専門日本語

介護福祉士
国家試験合格を
めざす人のために

別　冊

解　答　と　解　説

第 1 課..1
第 2 課..2
第 3 課..4
第 4 課..5
第 5 課..6
第 6 課..8
第 7 課..9
第 8 課..10
第 9 課..11
第 10 課..13
第 11 課..14
第 12 課..15
第 13 課..17
第 14 課..19
第 15 課..21

国家試験問題を解こう　解答と解説........24

第1課 日常生活に関する支援

(ウォーミングアップ)

（省略）

(Topic1)

[言葉を調べてみましょう]

1 にちじょうせいかつ　　2 きほんてきな　　3 ぐたいてきな　　4 みのまわり

5 せいよう　　6 かじ　　7 きんせんかんり　　8 おうようてきな

● （例）そうじ／洗濯／料理

[やってみましょう]

❶ ADL：①食事　　②排泄　　⑤着替え　　⑥移乗　　⑦入浴　　⑨移動　　⑫整容

　IADL：③調理　　④洗濯　　⑧金銭管理　　⑩交通機関の利用　　⑪買い物

❷ （例）食事は自立していますが、排泄と入浴は介助が必要です。

❸ ④

Check! ✕ ［応用的動作➡基本的動作］

(Topic2)

[言葉を調べてみましょう]

1 どうこうする　　2 ふそくひん　　3 こうにゅうする　　4 せいりする

5 かくにんする　　6 ぼうしょ・ぼうかん　　7 きゅうな　　8 くだりざか

9 まえむき　　10 ほこうそくど

● ① （例）道を渡るときに、車が来ないか確認する／止まった後、車いすのブレーキを確認する

　② （例）帽子をかぶってもらう／水分補給に気をつける／保冷剤を持ってきておく

　③ （例）上着を準備しておく／手袋をつけてもらう

[やってみましょう 1]

❶ 1. ④c　　⑥b　　⑧a

❷ （例）買い物の前：買う物のリストを作る

　　　　買い物の間：忘れ物がないかを確認する

　　　　買い物の後：財布をしまう

❸ （例）買い物の前：店までどうやって行くか確認しておく

　　　　買い物の間：移動するときなどに安全を確認する

　　　　買い物の後：荷物が多かったら持つ

[やってみましょう 2]

❶ 店に行くまでの道に段差がないか確認する／出かける前に、利用者の足がフットサポート

　（フットレスト）にのっているか確認する

❷ ①✕　急な坂を下る場合は、後ろ向きで下る

　②✕　速い速度での移動は危険である

Check! ○

[言葉を調べてみましょう 1]

　　1 さんぷする　　2 ちゃがら　　3 ——　　4 ふく　　5 ほす

　　6 ぼうちゅうざい　　7 おうとぶつ　　8 ひょうはくざい　　9 ひあたり　　10 ひかげ

　　❶（省略）　　❷（省略）

[やってみましょう]

　　❶ 掃除

　　（1）（例）①ほうきで掃く　　②ぞうきんで拭く　　③スポンジに洗剤を付けてこする

　　（2）（例）①浴室でスプレーのカビ取り剤をまく

　　　　　　　②お茶を飲んだ後の葉っぱを畳の上にまく

　　　　　　　③畳の目（畳の横の線）と同じ方向に雑巾で畳を拭く

　　❷ 洗濯

　　（1）（例）①洗濯機で洗う　　②手洗いをする／セーター用の洗剤を使う

　　　　　　　③嘔吐物を拭きとって、他の服と分けて洗う

　　（2）①d　　②a　　③c　　④e　　⑤b

　　（3）b

　　（4）（例）色のある服

　　●（省略）

[言葉を調べてみましょう 2]

　　1 えんそけいひょうはくざい　　2 ひょうはくりょく　　3 がら　　4 そざい

　　5 さんそけいひょうはくざい

[読んでみましょう]

　　●①×　　②○　　③○　　④○　　⑤○

Check! ×　［漂白ができない➡手洗いをする］

クールダウン

　　Ⅰ.　1. a　　2. b　　3. a　　4. b　　5. c

　　Ⅱ.　1. ○　　2. ×　　3. ×　　4. ×　　5. ○

第2課　食事と誤嚥

ウォーミングアップ

　　（省略）

Topic1

[言葉を調べてみましょう]

　　1 ぎょうじ　　2 じき　　3 おせちりょうり　　4 かしわもち　　5 うなぎのかばやき

　　6 ——　　7 ちらしずし　　8 しゅさい　　9 ふくさい　　10 しるもの

　　❶（省略）

　　❷（例）ひなあられ（3月3日のひな祭り）

[やってみましょう]

❶ ①aア　②eイ　③dオ　④cエ　⑤fカ

❷ ①副菜　②主菜　③汁物

❸ (例) 1 しょうが焼き／焼き魚　2 ほうれん草のおひたし　3 みそ汁

Check! ×　[柏餅➡ちらし寿司]

Topic2

[言葉を調べてみましょう]

1 せっしょく　2 えんげする　3 はんだんする　4 そしゃくする　5 しょっかい
6 こうくう　7 いんとう　8 しょくどう　9 きかん　10 のど

● ①a　②b　③d　④c

[読んでみましょう]

● ①準備期　②口腔期　③咽頭期　④食道期

[やってみましょう]

❶ 嚥下しやすい食べ物：①a，d，j，l　②（省略）
嚥下しにくい食べ物：①b，c，e，f，g，h，i，k，m，n

❷ ①（例）噛みやすい／飲み込みやすい／ゼリー状のもの／口の中で固まりになりやすい／やわらかいもの
②（例）さらさらした液体／口の中に張り付くもの／パサパサしているもの／バラバラになるもの

Check! ×　[咽頭期➡口腔期]

Topic3

[言葉を調べてみましょう]

1 いぶつ　2 （きかん）ない　3 ——　4 しょうがい　5 いしきじょうたい
6 ていかする　7 つまる　8 ちっそくする　9 しせい　10 てきせつ

● （省略）

[読んでみましょう]

❶ ①気管内に入ってしまう
②嚥下痛／嚥下に関する神経・筋に障害／意識状態が低下している
③誤嚥性肺炎
④窒息
⑤食物または異物を取る

❷ 食事の姿勢

❸ （例）口の体操をする／利用者が飲み込んだのを確認してから、次のスプーンを入れる

Check! ○

クールダウン

Ⅰ. 1. a　2. a　3. b　4. a　5. b
Ⅱ. 1. ×　2. ×　3. ×　4. ×　5. ○

第3課　感染症

ウォーミングアップ

（省略）

Topic1

［言葉を調べてみましょう］

　　1 かんせんする　　2 びょうげんたい　　3 きん　　4 げり　　5 ふくつう　　6 しょうじょう

　　7 ひきおこす　　8 あらわれる　　9 つうじょう　　10 とくちょう

　　● （省略）

［読んでみましょう］

　　❶ ①菌が原因で下痢や腹痛などになる　　②症状が出る

　　❷ 病原体：O-157

　　　　主な症状：下痢、腹痛

　　　　感染経路：口

　　　　特徴：長い／現れない（出ない）

［やってみましょう］

　　❶ ①B　　②A

　　❷ ①（例）高熱／頭痛／関節の痛み

　　　　②（例）下痢／嘔吐／腹痛

Check! ×　［症状が現れる➡症状が現れない］

Topic2

［言葉を調べてみましょう］

　　1 けいろ　　2 けいこう　　3 ひまつ　　4 せっしょく　　5 けつえき　　6 おせんする

　　7 （くうき）ちゅう　　8 こきゅうする

　　● （省略）

［やってみましょう］

　　❶ ①汚染された食べ物　　②咳やくしゃみ　　③手や指、病原菌のついたタオル

　　❷ ①a　　②e　　③c　　④b　　⑤d

　　❸ ①（例）飛沫感染／接触感染　　②（例）接触感染／空気感染　　③（例）接触感染

Check! ×　［接触感染➡経口感染］

Topic3

［言葉を調べてみましょう］

　　1 たいおう　　2 しょうどくする　　3 うすめる　　4 しょり　　5 ちゃくようする

　　6 つかいすて　　7 ふきとる　　8 かくりする

　　● （省略）

[読んでみましょう]

❶ ①a　②d　③b　④c

[やってみましょう]

❶ （例）

感 染 症	疥癬
読 み 方	かいせん
英語・母語	scabies
原因・症状	ヒゼンダニが原因で、強いかゆみ、肌に赤いぶつぶつができる
感 染 経 路	皮膚の接触感染、または、衣類やリネンなどから間接的に感染
予防・対応	タオルなどを共有することを避ける 疥癬の患者の衣類と他の人の衣類をいっしょに洗濯しない　など

❷ （省略）

Check! ×　[いっしょに洗ってもよい➡分けて洗う]

（クールダウン）

Ⅰ.　1. c　2. b　3. b　4. c　5. b
Ⅱ.　1.〇　2.×　3.〇　4.×　5.×

第4課　関節リウマチ（かんせつ）

（ウォーミングアップ）

1 ①×　②〇　③〇
2 （省略）

（Topic1）

[言葉を調べてみましょう]

1 えんしょう　2 はかいする　3 へんけいする　4 ——
5 （しょうじょうが）しんこうする　6 しんだん　7 しんさつ

[読んでみましょう]

❶ ①（例）小指を骨折したとき、指の色が赤くなって、とても腫れた。／ねんざをして、1
週間くらい足が腫れた。
　②（例）寝不足が続いたとき、体がだるくなった。／インフルエンザにかかったとき、体
がだるかった。
　③（例）夏バテをすると、食欲がなくなる。／風邪をひいて、食欲がなかった。

❷ 変形／こわばり／腫れ／痛み
　熱っぽい／体がだるい／食欲がない

❸ ①医師の診察を受ける
　②レントゲンなどで関節がどのように変形しているか確認する
　③血液検査で数値が高いものがないかを確認する

Check! (1) × ［男性➡女性］　（2）× ［すぐに➡だんだん］　（3）○

Topic2

［言葉を調べてみましょう］

　　1 そうき　　2 ちりょう　　3 てんてき　　4 あっか　　5 かいはつする　　6 きんぞく

　　7 じんこう　　8 しゅじゅつ

［読んでみましょう］

❶ ①病気などを早い時期に見つけること　　②炎症を止める、小さくする

　　③症状が悪くなるのを遅くする

❷ 早期発見／早期治療／関節の破壊を防ぐこと／進行を遅くすること

❸ ①抗リウマチ薬、ステロイド等（炎症を抑える薬）を飲む

　　②症状の悪化を防いだり、遅らせたりする薬が開発されている

　　③金属等でできた人工関節を入れて、曲がっていた手をまっすぐにする手術を受ける

Check! (1) × ［薬を飲めばだんだんと元の形に戻る➡薬を飲んでも戻らない］

　　　　　(2) ○　　(3) ○

Topic3

［言葉を調べてみましょう］

　　1 たちあがる　　2 てのひら　　3 ほご　　4 ゆびさき　　5 そうぐ

［読んでみましょう］

❶ ①A　　②A　　③B

❷ ①つめを切る　　②髪をとかす　　③食事をする

　　その他の自助具……（例）靴下をはくための道具（ソックス・エイド）／物を取るための道

　　　　　　　　　　　　具（リーチャー）

Check! (1) ○　　(2) × ［小さな関節➡大きな関節］　　(3) ○

クールダウン

　　I. 1. b　　2. a　　3. c　　4. c　　5. b

　　II. 1. ×　　2. ×　　3. ○　　4. ×　　5. ×

第5課　パーキンソン病

ウォーミングアップ

　　1 ①×　　②○　　③×

　　2（省略）

Topic1

［言葉を調べてみましょう］

　　1 あんせい　　2 ふるえる　　3 こしゅく　　4 むひょうじょう　　5 きんにく

6 きのう　　7 ちょうせい

[読んでみましょう]

❶ ①（例）元気がなくなる、やる気がなくなる

　　②（例）だんだんと症状が悪くなる／少しずつ症状が進む

❷ ①a　　②b　　③d

❸ ①機能の調整　　②気分が落ち込む　　③記憶障害／幻覚／妄想

❹ ①b　　②d　　③a

Check! （1）×　［振戦➡無動］　　（2）×　［起こらない➡起こる］　　（3）○

（Topic2）

[言葉を調べてみましょう]

　1 あらわす　　2 ぶんるい　　3 かたがわ　　4 せいげん

[読んでみましょう]

❶ ①（例）症状の進む速さは、一人一人違う

　　②（例）日常生活で困ること、できないことが出てくる（移動など）

❷ Ⅱ度：両側の手足に症状が出る（手足の震え、こわばり）

　　Ⅲ度：姿勢反射障害が出てくる（小刻み歩行やすくみ足が見られる）

　　Ⅳ度：立つことや歩くことが難しくなる

　　Ⅴ度：車いすが必要になる、寝ていることが多くなる

❸ Ⅰ度（a）→ Ⅱ度（e）→ Ⅲ度（b）→ Ⅳ度（d）→ Ⅴ度（c）

❹ ①Ⅴ　　②Ⅰ

Check! （1）○　　（2）×　［介助は必要ない➡部分的な介助が必要になる］　　（3）○

（Topic3）

[言葉を調べてみましょう]

　1 ○○りょうほう　　2 ほじょする　　3 ふくさよう　　4 （くすりが）きく　　5 しんこうせい

　6 ──　　7 あんていする

[読んでみましょう]

❶ ①関節を動かすことができる範囲

　　②利用者をよく観察する／見る

❷ ドーパミンの働きを補助する薬

❸ ①歩行訓練や、関節の可動域の訓練など（のリハビリ）が大切

　　②パーキンソン病にはさまざまな症状や薬の副作用が見られるためである

　　③手術を行うこともある

❹ ①（省略）

　　②（例）足が出にくいときは、音楽などに合わせるとよい。（歩行障害への対応）

　　　　　　背中をゆっくり壁につけて、体を伸ばす運動を行う。（姿勢反射障害への対応）

Check! （1）×　［副作用が出ない➡出る］　　（2）○　　（3）○

(クールダウン)
- **Ⅰ.** 1. b 2. c 3. a 4. c 5. a
- **Ⅱ.** 1. ○ 2. × 3. × 4. × 5. ○

第6課 糖尿病

(ウォーミングアップ)

（省略）

(Topic1)

［言葉を調べてみましょう］

1 じゅうぶんに 2 さようする 3 しめる 4 いでん 5 すいぞう
6 せいかつしゅうかん 7 しょきしょうじょう

［読んでみましょう］

❶ 血糖値

❷ 2型糖尿病患者（全体の約 90％）

❸ 1型糖尿病：遺伝 2型糖尿病：生活習慣

❹ ①口渇 ②多飲 ③多尿 ④頻尿 ⑤体重減少 ⑥易疲労性

Check! （1）× ［1型➡2型、2型➡1型］ （2）× ［遺伝➡生活習慣］ （3）○

(Topic2)

［言葉を調べてみましょう］

1 がっぺいしょう 2 もうまく 3 —— 4 はっかん 5 しりょく 6 しつめい
7 じんこうとうせき

［読んでみましょう］

❶ ①（例）長い時間、立って仕事をしていたとき、足がむくんだ。
　②（例）電車に乗り遅れそうになり、駅の階段を走って上ったとき、息切れした。

❷ ①神経障害 ②網膜症 ③腎症

❸ ①しびれる ②落ちる ③失明 ④腎臓 ⑤人工透析

Check! （1）○ （2）× ［失明することはない➡ある］ （3）○

(Topic3)

［言葉を調べてみましょう］

1 てきどな 2 ちゅうしゃ 3 かんじゃ 4 —— 5 ——

［読んでみましょう］

❶ ①（例）お腹がすいたとき ②（例）意識がなくなる

❷ 食事療法／運動療法／薬物療法

❸ ①血糖値 ②めまい／意識を失う／けいれん

❹ ①a ②c ③b

Check! (1) ○　　(2) ○　　(3) ○

（クールダウン）

I. 1. b　　2. a　　3. c　　4. b　　5. c

II. 1. ○　　2. ×　　3. ○　　4. ×　　5. ○

第**7**課　**脳血管疾患**（のうけっかんしっかん）

（ウォーミングアップ）

［日本　2018 年時点］

1 1 位 b. 悪性新生物（がん）　　2 位 c. 心疾患　　3 位 e. 老衰　　4 位 a. 脳血管疾患
　　5 位 d. 肺炎

2 ①×　　②×　　③○

（Topic1）

［言葉を調べてみましょう］

　　1 けっかん　　2 ——　　3 しゅっけつする　　4 やぶれる　　5 ひょうめん　　6 まく
　　7 ろうはいぶつ
　　●①前頭葉　　②頭頂葉　　③側頭葉　　④後頭葉

［読んでみましょう］

　　❶ 脳の血管が狭くなり、最後に血管がつまる
　　❷ ①脳梗塞　　②脳出血　　③くも膜下出血　　④（脳）血栓　　⑤（脳）塞栓　　［④⑤順不同］

Check! (1) ×　［くも膜下出血➡脳梗塞］　　(2) ×　［脳出血➡脳梗塞］
　　　　　(3) ×　［脳塞栓➡脳血栓］

（Topic2）

［言葉を調べてみましょう］

　　1 とくちょうてき　　2 はげしい　　3 （のうが）しょうがいされる　　4 ちかく
　　5 いしき　　6 とくせい　　7 しゅうちゅう　　8 にんしき

［読んでみましょう］

　　❶ （例）手足がしびれる／脱力感／ろれつが回まわらない／言葉が出ない／理解できない等
　　❷ 舌がうまく動かない状態
　　　歯を抜いたときに、麻酔を打って、ろれつが回らなくなった。
　　❸ (1) ①d　　②e　　③b　　④c　　⑤f　　⑥g　　⑦a　　⑧h
　　　(2) （省略）
　　　(3) （ア）⑨　　（イ）⑥

Check! (1) ×　［末期症状➡初期症状］　　(2) ○　　(3) ○

［言葉を調べてみましょう］

　　1 まひ　　2 じゅうようしする　　3 〜へむけた

［読んでみましょう 1］

　　❶ ①e　　②a　　③c

　　❷ ①早期発見　　②早期治療　　③早期リハビリテーション

［読んでみましょう 2］

　　❶ ①運動性失語　　②感覚性失語

　　❷ 閉じられた質問とは、「はい」「いいえ」で答えられる質問

　　　　質問の例：朝ご飯を食べましたか。

Check!　（1）○　　（2）×　［遅く➡早く］　　（3）×　［運動性➡感覚性］

Column　国家試験問題：5

クールダウン

Ⅰ.　1. b　　2. c　　3. c　　4. b　　5. c

Ⅱ.　1. ×　　2. ×　　3. ○　　4. ○　　5. ×

第8課　認知症① 認知症の症状

ウォーミングアップ

　　1 ①○　　②○

　　2（省略）

Topic1

［言葉を調べてみましょう］

　　1 きしつてき　　2 ちゅうかく（しょうじょう）　　3 しゅうへん（しょうじょう）　　4 じっこう

　　5 きたく　　6 こうげき

［読んでみましょう］

　　行動症状：a，b，k，l，m，o

　　中核症状：c，d，i，p，q，r

　　心理症状：e，f，g，h，j，n

Check!　（1）×　［周辺症状➡中核症状］　　（2）○　　（3）○

Topic2

［言葉を調べてみましょう］

　　1 できごと　　2 たいけんする　　3 じたい　　4 ねんげつ　　5 こんだて　　6 きかん

[読んでみましょう]

❶（例）①小学生のときのことなど、過去の出来事は覚えているが、今日の朝に何をしたかという最近の出来事は忘れてしまう

②例えば、「晩ご飯を食べた」という行動をすべて忘れてしまう

❷（1）①d　　②b　　③c　　④a

（2）（省略）

（3）（ア）④　　（イ）②

Check!　（1）○　　（2）○　　（3）✕　［実行機能障害➡理解力・判断力の低下］

Topic3

[言葉を調べてみましょう]

1 こんきょ　　2 うったえる　　3 ひがい　　　4 こんらん　　5 あせり

6 ぎゃくてん　　7 ささいな

[読んでみましょう]

❶①いろいろなことへの興味や関心（何だろうと思うこと）があまりなくなる

②ずっと部屋の中にいて、あまり外に出なくなる状態

③悲しみや怒りなどの気持ちが外に出てしまう

❷（1）①e　　②b　　③f　　④d　　⑤a　　⑥c

（2）①b　　②a　　③c　　④f　　⑤d　　⑥e

（3）（省略）

❸先輩が考えたクイズ：①異食　　②妄想　　③幻覚（幻視）　　④理解力・判断力の低下

⑤収集癖

あなたが考えたクイズ：（省略）

Check!　（1）✕　［中核症状➡周辺症状］　　（2）✕　［幻視➡見間違い］

Column　国家試験問題：4

クールダウン

I.　1. b　　2. b　　3. b　　4. a　　5. b

II.　1. ✕　　2. ○　　3. ✕　　4. ✕　　5. ✕

第**9**課　認知症② 認知症の種類（四大認知症）

ウォーミングアップ

1 ①○　　②✕

2（省略）

Topic1

[言葉を調べてみましょう]

　　1 いじょう　　2 はっせいする　　3 けいこうにある

[読んでみましょう]

❶ アミロイドベータというたんぱく質が脳に異常発生し、脳の細胞を破壊して起こる。

❷ ①50～60　　②女性　　③若年性認知症　　④ゆっくり　　⑤アミロイドベータ

Check! （1）× ［男性➡女性］　　（2）○

Topic2

[言葉を調べてみましょう]

　　1 ともなう　　2 ──　　3 けつりゅう

[読んでみましょう]

❶ 脳梗塞や脳出血などの脳血管障害によって、脳細胞が死んだり、壊れたりすることで起こる。

❷ 脳の血流の状態によって、できることと、できないことが変わる。

❸ ①脳血管障害　　②麻痺／言語障害　　③男性　　④階段状　　⑤まだら

Check! （1）× ［アルツハイマー型：男性➡女性、血管性：女性➡男性］　　（2）○

Topic3

[読んでみましょう]

❶ レビー小体が神経細胞に集まって、脳の細胞の働きを低下させてしまう、あるいは、壊して
しまうことによって起こる。

❷ ①レビー小体　　②幻視
　　③パーキンソン　　主な4つの症状：振戦／筋固縮／無動／姿勢保持障害（姿勢反射障害）

Check! （1）○　　（2）× ［アミロイドベータ➡レビー小体］

Topic4

[言葉を調べてみましょう]

　　1 いしゅくする　　2 じんかく　　3 まんびき　　4 おとなしい

[読んでみましょう]

❶ 前頭葉と側頭葉が委縮してしまうことによって起こる。

❷ ①前頭葉／側頭葉　　②行動／人格　　③常同

Check! （1）× ［前頭側頭型認知症➡レビー小体型認知症］　　（2）○

クールダウン

I.　1. a　　2. b　　3. c　　4. b　　5. b

II.　1. ○　　2. ×　　3. ○　　4. ○　　5. ×

第10課 高齢者や障害者への虐待

こうれいしゃ　しょうがいしゃ　　　　ぎゃくたい

（ウォーミングアップ）

1 ①○　　②○　　③○

2（省略）

（Topic1）

[言葉を調べてみましょう]

1 ぼうりょくをふるう　　2 こうそくする　　3 ぶじょくする　　4 くつうをあたえる

5 どうい　　6 きょうようする　　7 ほうちする　　8 ざいさん　　9 ほうき　　10 ほうにん

[読んでみましょう]

❶ ①手足とベッドの柵をひもなどで結んで、ベッドから体が離れないようにする

　　②本人が良いと言っていないのに、勝手にお金などを使う

　　③高齢者の部屋を掃除しない等、生活している環境を悪くさせる

❷ （例）車いすと体をベルトで結んで、車いすから降りられないようにする／部屋に閉じ込め

　　　て出られないようにする／ベッドから下りられないようにベッドを柵で囲む

❸ ①b　　②a　　③c　　④e　　⑤d

❹ ①身体　　②心理　　③経済　　④ネグレクト　　⑤a　　⑥b　　⑦e　　⑧d

Check! （1）✕　[経済的➡身体的]　　（2）○

（Topic2）

[言葉を調べてみましょう]

1 ようごしゃ　　2 つうほう　　3 ひぎゃくたいしゃ　　4 （しせつの）しゅべつ

5 どうきょ　　6 べっきょ　　7 ぞくがら／つづきがら　　8 （ようかいごしせつ）じゅうじしゃ

[読んでみましょう]

● （1）①身体的　　②女性　　③虐待者　　④息子

　　（2）①身体的　　②女性／男性　　③特別養護老人ホーム　　④当該施設職員

Check! （1）✕　[介護等の放棄➡身体的虐待]　　（2）○

（Topic3）

[言葉を調べてみましょう]

1 せいてい　　2 しこう／せこう　　3 ぼうしする　　4 すみやかに　　5 さだめる

[読んでみましょう 1]

● ① 2005　　② 65　　③市町村

[読んでみましょう 2]

❶ ①家族や親戚など　　②障害者福祉施設で働いている人（施設職員）など

　　③障害者が働いている会社の経営者（施設長）など

❷ ① 2011　　②身体／心理／性／経済／ネグレクト　　③市町村／都道府県

Check! (1) ○　　(2) ×　[使用者➡市町村]

（クールダウン）
I. 1. b　　2. a　　3. c　　4. b　　5. b
II. 1. ×　　2. ×　　3. ○　　4. ×　　5. ×

第**11**課　介護福祉士に関する法律
<small>かいごふくしし　　　かん　　　　ほうりつ</small>

（ウォーミングアップ）
1 ①○　　②○　　③○
2（省略）

（Topic1）
[言葉を調べてみましょう]
　　1 しかく　　2 ぎょうむ　　3 せいかく　　4 ふくし　　5 はってん　　6 こうけんする
　　7 かいせい　　8 しんしん　　9 じょうきょう　　10 じょうけん
[読んでみましょう]
　❶ ①ある決まった条件　　② 2012 年から法律で決まったことが実施される
　❷ ① 1987　　②正確に行われる／福祉の発展に貢献する
　❸ ①心身の状況に応じた介護　　②喀痰吸引や経管栄養

Check! (1) ○　　(2) ×　[することができない➡一定の条件の下でできる]

（Topic2）
[言葉を調べてみましょう]
　　1 とうろく　　2 めいしょう　　3 もちいる　　　4 ししょう　　5 ふくむ　　6 しどう
[読んでみましょう 1]
　❶ ①登録　　②名称　　③知識／技術　　④心身の状況　　⑤指導
　❷ ①（例）高齢者の病気等に関する専門知識や生活支援の技術（例えば、認知症の利用者への
　　　　対応、日常生活動作の支援など）
　　②体に麻痺があって、自分で食事することが困難な人／認知症の人／精神障害の人
　　③（例）・お花の好きな利用者さんと散歩に行くときには、桜が見える道を散歩する。
　　　　　　・着替えのときに、利用者さんの好みに合わせた服を準備する。
　　　　　　・右耳が聞こえにくい利用者さんには、聞こえやすいように左側から声をかける。
　　　　　　・失語の症状がある利用者さんの話を聞くときは、時間をかけて傾聴する。
[読んでみましょう 2]
　● ①名称　　②業務

Check! (1) ○　　(2) ×　[できる➡できない]

Topic3

[言葉を調べてみましょう]

　　1 ぎむ　　　2 きてい　　　3 ひみつほじ　　　4 せいとうな　　　5 ひみつをもらす　　　6 ばっきん

　　7 しんようしっつい　　　8 せいじつな　　　9 ししつこうじょう　　　10 れんけい

[読んでみましょう 1]

❶ ①仕事で利用者のこと等についての秘密を知ったときに、他の人に秘密を話さない義務のこ
　　　と

　　②1 年以下の懲役、または、30 万円以下の罰金

　　③（例）利用者の生活を支援する等の介護福祉士の仕事をしないこと／利用者のお金を勝手
　　　　　に使うこと／利用者を傷つけること／利用者の秘密を施設の外で話すこと

　　④（例）看護師／作業療法士

❷ ①d、しんようしっついこういのきんし　　　②e、ひみつほじぎむ　　　③c、れんけい

　　④b、ししつこうじょうのせきむ

Check!　(1) 〇　　(2) ✕　［信用失墜行為➡秘密保持義務違反］

クールダウン

　I.　1. b　　1. b　　3. a　　4. c　　5. b

　II.　1. ✕　　2. ✕　　3. ✕　　4. 〇　　5. 〇

第12課　介護保険① 介護保険制度

ウォーミングアップ

　（省略）

Topic1

[言葉を調べてみましょう]

　　1 いぜん　　　2 ちょうじゅ　　　3 ねたきり　　　4 ちょうきか　　　5 ——　　　6 しんこくな

　　7 しくみ

[読んでみましょう]

❶ （ア）（例）105 歳の女性の利用者

　　（イ）（例）自分で動くことができずに、一日中、ベッドの上で過ごしている利用者

❷ ①介護が必要な高齢者が増えること

　　②介護が必要な期間が長くなること

　　③介護をする人も高齢になっていること

　　④女性が社会（会社など家の外）で働くこと

　　⑤親と子どもだけの核家族が増えて、社会に広がること

❸ 国民がお互いに助け合うという考え

❹ 家族だけで介護するのではなく、社会の中に介護が必要になった人を介護するシステムを
　　作って、介護が必要な人とその家族を支えていくということ

Check!　(1) ○　　(2) ○

Topic2

［言葉を調べてみましょう］
　　1 いこう　　2 じゅよう　　3 みこまれる　　4 ほうかつてきな　　5 ていきょうする
［読んでみましょう］
❶ 団塊の世代とは、昭和 22(1947)年〜昭和 24(1949)年ごろの第 1 次ベビーブーム時代に
　生まれた世代のこと。他の世代と比べて、人数が多い。
❷ （省略）
❸ (1) 住み慣れた　　　(2)〜(6) 住まい／医療／介護／介護予防／生活支援　　　(7) 継続
　(8) 包括
❹ （省略）
❺ （例）マニラです。日本に来るまで、約 20 年間、暮らしていたので、どこに何があるか知っ
　　　　ていて、私にとって住みやすい場所だからです。
❻ 最後…物事の終わり　　　最期…人生の終わり

Check!　(1) ○　　(2) ○

Topic3

［言葉を調べてみましょう］
　　1 いたくする　　　2 ゆうこうに　　　3 ──　　　4 ようご
［読んでみましょう］
❶ （省略）
❷ （例）保健師：健康の相談に乗ったり、生活改善のアドバイスをしたりする。
　　　　社会福祉士：日常生活を送るのに支障がある人に、福祉制度に関する相談に乗ったり、
　　　　アドバイスをしたりする。
　　　　介護支援専門員：要支援者・要介護者の相談に乗ったり、ケアプランを作成したりする。
　　　　　　　　　　　　また、市町村や施設などとの連絡調整もする。ケアマネジャーとも
　　　　　　　　　　　　いう。
❸ ①市区町村　　　②中学　　　③保健師／社会福祉士／主任介護支援専門員
❹ (1) A 権利擁護　　　B 総合相談支援　　　C 介護予防ケアマネジメント
　D 包括的・継続的ケアマネジメント支援
　(2) ①D　　②A　　③C　　④B

Check!　○

クールダウン

	1.	2.	3.	4.	5.
Ⅰ.	b	b	a	b	a
Ⅱ.	○	○	×	×	×

第13課 介護保険② 介護保険のしくみとサービス

ウォーミングアップ

1 ①○　②○　③×　④×　　その他：（例）手すり／歩行器／移動用リフト

2 （例）段差の解消（なくすこと）／扉を開き戸から引き戸にする／ドアノブの取り換え

Topic1

[言葉を調べてみましょう]

1 しはらう　2 ぜいきん　3 うんえい　4 かにゅうする　5 みまん　6 しっぺい

7 しんせい

[読んでみましょう]

❶ ①65　②40／65　③医療保険

❷ ①保険者　②被保険者　③要介護者／要支援者／特定疾病

❸（省略）

Check! (1) ×　［保険者➡被保険者］　　(2) ○

Topic2

[言葉を調べてみましょう]

1 まどぐち　2 にんてい　3 はんていする　4 しゅじい　5 しんさ　6 つうちする

7 がいとう　8 げんど　9 ふたん　10 しきゅう

[読んでみましょう 1]

❶ (1) 市区町村の窓口　　(2) 要介護　　(3) 意見書／認定　　(4) 本人

　　(5) 1／2／1／5

❷（例）①Aさんのお母さんが住んでいる市（区）役所の窓口で申請できます。

　　　　②介護が必要かどうか、一次判定と二次判定を行います。一次判定は、○○市の認定
　　　　調査員があなたのお母さんを訪問して、状況を調査します。その結果から、コンピュー
　　　　ターが介護度を判定します。二次判定では、一次判定の結果と主治医の意見書を合
　　　　わせて、認定審査会を行い、介護度が決まります。

　　　　③要支援1と2、要介護1〜5の7つあります。

　　　　④だいたい1か月くらいかかります。

❸（省略）

[読んでみましょう 2]

❶ ①自己負担　②利用限度

❷ クレジットカード

❸ 現物支給

Check! (1) ×　［全国どこでも同じ➡市区町村によって異なる］　　(2) ×　［6段階➡7段階］

[やってみましょう]

❶ 1 ほうもん　かいご

　 2 ほうもん　にゅうよく　かいご

　 3 ほうもん　かんご

4　ほうもん（リハビリテーション）

5　やかん　たいおうがた　ほうもん　かいご

6　ていき　じゅんかい・ずいじ　たいおうがた　ほうもん　かいご　かんご

7　かんご　しょうきぼ　たきのうがた　きょたく　かいご

8　きょたく　りょうよう　かんり　しどう

9　つうしょ　かいご

10　ちいき　みっちゃくがた　つうしょ　かいご（しょうきぼ　デイサービス）

11　にんちしょう　たいおうがた　つうしょ　かいご

12　つうしょ　リハビリテーション

13　たんき　にゅうしょ　りょうよう　かいご

14　たんき　にゅうしょ　せいかつ　かいご

15　しょうきぼ　たきのうがた　きょたく　かいご

16　ふくしようぐ　たいよ

17　とくてい　ふくしようぐ　はんばい

18　じゅうたく　かいしゅう

19　かいごろうじん　ふくししせつ（とくべつようご　ろうじん　ホーム）

20　ちいきみっちゃくがた　かいごろうじん　ふくししせつ　にゅうしょしゃ　せいかつかいご

21　かいごろうじん　ほけんしせつ

22　かいごりょうようがた　いりょうしせつ

23　とくてい　しせつ　にゅうきょしゃ　せいかつかいご

24　ちいきみっちゃくがた　とくていしせつ　にゅうきょしゃ　せいかつかいご

25　にんちしょう　たいおうがた　きょうどう　せいかつかいご（にんちしょう　こうれいしゃ　グループホーム）

26　かいご　いりょういん

27　きょたく　かいごしえん

❷（省略）

Topic3

[言葉を調べてみましょう]

1 しょうきぼ　　2 たきのう　　3 みっちゃく　　4 けいげん　　5 くみあわせる

6 ていき　　7 じゅんかい　　8 ずいじ　　9 しんりょう　　10 いったいてきに

[読んでみましょう 1]

❶ ①心身機能の維持向上／負担を軽減　　②訪問／宿泊

❷ (1) ①小規模多機能型居宅介護　　②通所リハビリテーション　　③通所介護

　　④短期入所生活介護　　⑤認知症対応型通所介護　　⑥地域密着型通所介護

　　⑦短期入所生活介護

　(2) ①利用者の家に行くこと　　②施設などに泊まること

　　③外に出かけて、その日に帰ること

　　④食事や入浴など、日常生活で必要なことの支援

　　⑤短い期間、施設などに入って生活すること

　　⑥建物が小さく、利用者や職員が少ない施設

❸ ① （例）介護老人保健施設などで、日帰りでリハビリを行うサービス。施設において入浴や食事などの日常生活の支援とリハビリを受けることができる。「デイケア」と呼ばれることが多い。

② （例）認知症の方を対象としたデイサービス。施設で食事や入浴の介護、レクリエーション等を行う。

③ （例）通いによるサービスが中心であるが、利用者の希望があれば、訪問や宿泊を組み合わせることができるサービス

[読んでみましょう 2]

❶ ①訪問介護員(ホームヘルパー) 　②看護師等

❷ (1) ①看護小規模多機能型居宅介護　②訪問介護　③夜間対応型訪問介護
④訪問入浴介護　⑤訪問リハビリテーション
⑥定期巡回・随時対応型訪問介護看護　⑦訪問看護　⑧居宅療養管理指導

(2) ①利用者の自宅など
②夜の間
③時間や日にちを決めて、利用者の自宅を巡回する
④緊急のとき(病気などのとき)に訪問すること
⑤状況に合わせていつでも
⑥チームでよくつながって、一緒に仕事をする

❸ ① （例）看護師などが利用者の自宅を訪問して、健康チェックなどを行うサービス

② （例）夜間、定期的に利用者の自宅を巡回したり、利用者から依頼があれば、利用者を訪問して介護をするサービス

③ （例）訪問看護と訪問介護が連携して、利用者の自宅を訪問したり、定期巡回したりするサービス

Check! (1) × ［看護小規模多機能型居宅介護➡定期巡回随時対応型訪問介護看護］
(2) × ［小規模多機能型居宅介護➡通所リハビリテーション］

(クールダウン)

Ⅰ. 1. a　2. c　3. a　4. c　5. a
Ⅱ. 1. ○　2. ×　3. ×　4. ×　5. ○

第14課 障害者福祉① 障害者の法制度

(ウォーミングアップ)

1 （例）・多目的トイレ：スペースが広いので、車いすでも入れる。手すりがあり、便座が自動で開くので、片まひの方でも使いやすい。
・駅のエレベーター：歩行障害があっても、駅のホームに移動できる。
・ノンステップバス：乗り降りするときの段差が少ないバス。
・エレベーターのボタンの位置・点字：エレベーターのボタンが低いところにあると、車いすでも手が届く。ボタンに点字がついているので、視覚障害があってもボタンを

押すことができる。

・音で知らせる信号機：視覚障害があっても、信号が替わったのがわかる。

2（省略）

Topic1

[言葉を調べてみましょう]

1 ていぎ　　2 せいげんをうける　　3 ふくむ　　4 したい　　5 こうふする

[読んでみましょう]

❶ ①身体／知的／精神／発達／心身

　　②（1）身体／知的／精神／発達／難病　　（2）18／18

❷ ①肢体　　②身体障害者福祉　　③身体障害者　　④療育　　⑤統合失調

　　⑥精神保健福祉　　⑦精神障害者保健福祉

Check! 　（1）× ［20歳➡18才］　　（2）× ［療育手帳➡精神障害者保健福祉手帳］

Topic2

[言葉を調べてみましょう]

1 どうにゅう　　2 そち　　3 ぎょうせい　　4 ざいげん　　5 いちげんかする

6 かいしょうする　　7 かくじゅう

[読んでみましょう]

❶ ①応能　　②応益

❷ ①サービス利用者数の増加：サービスを利用する人が増えたということ

　　②財源問題：サービスを提供するために必要なお金の問題

　　③障害の種類によるサービスの格差：身体障害者、知的障害者、精神障害者という障害の種

　　　類によって、サービスに違いがあるということ

　　④地域によるサービス水準の格差：地域によって、サービスに差があるということ。全国ど

　　　こでも同じようにサービスが提供されていないということ

❸ ①支援費　　②措置　　③行政　　④障害のある方　　⑤障害者自立支援

　　⑥障害の種別　　⑦一元化　　⑧障害支援区分　　⑨応益　　⑩応能　　⑪障害者自立支援

　　⑫障害者総合支援　　⑬障害の範囲に難病　　⑭障害者への支援

Check! 　（1）× ［応能負担から応益負担➡応益負担から応能負担］

　　　　　（2）× ［支援費制度から措置制度➡措置制度から支援費制度］

Topic3

[言葉を調べてみましょう]

1 さべつ　　2 かいしょう　　3 みとめあう　　4 きょうせい　　5 ふとうな

6 とりあつかい　　7 せいとうな　　8 ごうりてきな　　9 ──　　10 とりのぞく

[読んでみましょう]

❶ （例）出入口や通路の段差／障害を理由に就職試験が受けられない／点字などによる説明が

　　ない

❷ 不当な差別的取り扱い：A・C　　　合理的配慮の提供：B・D

❸ ・A：店員がメニューを読むのを手伝う。
　　・C：窓口担当者が紙に書いてやり取りを行う（筆談をする）。
❹ （例）聴覚障害者が参加する講習会に、手話通訳者も参加するようにした。
　　　　知的障害者が会議に参加するとき、会議の資料の言葉をわかりやすい言葉にした。

Check! 　(1) ○　　(2) ×　［役所のみ➡役所や事業所］

（Column）　国家試験問題：4

（クールダウン）
　Ⅰ. 　1. b　　2. c　　3. a　　4. a　　5. a
　Ⅱ. 　1. ×　　2. ○　　3. ×　　4. ○　　5. ○

第 **15** 課 障害者福祉② 障害者総合支援法のサービス

（ウォーミングアップ）
　1（省略）
　2 イラストの補装具（左から）：補聴器、義手、車いす　　その他：下肢装具、歩行器など

（Topic1）
［言葉を調べてみましょう］
　1 うむ　　2 〜にかかわらず　　3 そうごに
［読んでみましょう］
　● ①障害の有無　　②共生社会　　③身体障害、知的障害、精神障害、難病患者、障害児
　　④市町村　　⑤応能

（Topic2）
［言葉を調べてみましょう］
　1 じぎょう　　2 くぶん
［読んでみましょう］
　❶ ①介護　　②訓練等
　❷ ①市町村　　②コンピューター　　③市町村　　④1／6　　⑤サービス等利用計画
Check! 　(1) ○　　(2) ×　［介護認定審査会➡市町村審査会］
［やってみましょう］
　❶ 1 きょたく かいご　　2 じゅうど ほうもん かいご　　3 どうこう えんご
　　4 こうどう えんご　　5 じゅうど しょうがいしゃとう ほうかつしえん
　　6 たんき にゅうしょ　　7 りょうよう かいご　　8 せいかつ かいご
　　9 しせつ にゅうしょ しえん
　　10 じりつ せいかつ えんじょ　　11 きょうどう せいかつ えんじょ
　　12 じりつ くんれん（きのう くんれん）　　13 じりつ くんれん（せいかつ くんれん）

14 しゅうろう　いこう　しえん　　15 しゅうろう　けいぞく　しえん（エーがた）
16 しゅうろう　けいぞく　しえん（ビーがた）　　17 しゅうろう　ていちゃく　しえん
❷（省略）

Topic3

［言葉を調べてみましょう］

1 えんご　　2 だいひつ　　3 だいどく　　4 やくわりをになう　　5 きゅうそく
6 かいひする　　7 そうさく
❶（1）①居宅介護　　②行動援護　　③短期入所　　④重度訪問介護
　　　　⑤重度障害者等包括支援　　⑥生活介護　　⑦同行援護
　　（2）①病院へ行くときの介助　　②自分で判断する力
　　　　③体の不自由な人で、障害の程度が重い
❷ 同行援護
❸ ①（例）ホームヘルパーが自宅を訪問し、入浴、排せつ、食事等の介護や家事、生活等に関
　　　　する相談や助言などの援助を行う
　　②（例）病院で医療的ケアを必要とする障害のある人に、主に昼間、病院で機能訓練、看護、
　　　　介護や日常生活の世話をする
　　③（例）主に夜間に、障害者支援施設に入所する障害のある人に、入浴、排せつ、食事等の介護、
　　　　相談や日常生活の支援をする

Check! （1）○　　（2）×　［行動援護➡同行援護］

Topic4

［言葉を調べてみましょう］

1 いっぱんきぎょう　　2 しゅうろう　　3 いっていきかん　　4 こようけいやく
5 ていちゃく
❶（1）①共同生活援助　　②自立訓練（生活訓練）　　③就労移行支援　　④就労継続支援
　　　　⑤就労定着支援　　⑥自立生活援助
　　（2）①仕事をしたい人　　②仕事をしたことで出てきた生活に関する問題
❷ ①就労移行支援　　②自立訓練（機能訓練）
❸ ①（例）自立した日常生活や社会生活ができるように、身体機能を維持したり、向上したり
　　　　する訓練を行う
　　②（例）自立した日常生活や社会生活ができるように、生活能力の維持や向上のために必要
　　　　な支援や訓練を行う
　　③（例）共同生活を行う住居で、夜間や休日に相談、入浴、排泄、食事の介護、日常生活の
　　　　援助を行う

Check! （1）×　［自立生活援助➡就労継続支援］　　（2）○

クールダウン

　Ⅰ.　1. b　　2. b　　3. a　　4. c　　5. a
　Ⅱ.　1. ×　　2. ○　　3. ×　　4. ×　　5. ○

1. ①65　②40／65　③18　④18　⑤7　⑥6　⑦福祉用具　⑧福祉用具
　　⑨補装具　⑩応益　⑪応能
2. 先輩が考えたクイズ：
　　Ａ．①〇　②×［5種目］　③×［訪問看護］　④×［定期巡回随時対応型訪問介護看護］
　　　　⑤×［要介護1以上］
　　Ｂ．①×［含まれる］　②×［難病等も含まれる］　③〇　④×［知的精神障害］
　　　　⑤×［4］
　　あなたが考えたクイズ：（省略）

国家試験問題を解こう　解答と解説

第1課　日常生活に関する支援

第31回問題40　正答：3

1	×	利用者の健康状態を確認して、外出を企画（計画する）する。
2	×	家族に同行を依頼するよりも、外出場所について調べるなど、他に優先することがある。
3	○	食事や休む場所、トイレなど、外出先の経路（行くまでの道）の情報について調べる。
4	×	傘をさしながら車いすを動かすと危ないので、レインコートのほうがよい。
5	×	介助ベルトは身体拘束（自由に動けないようにする）になる。

第30回問題37　正答：3

1	×	玄関でほうきを使うと土やほこりが飛ぶ。ぬれた茶殻や新聞紙をまいて、そこにほこりが付くように掃除をする。
2	×	窓ガラスの基本的な掃除方法は、ぬれた雑巾で拭いてから、乾いた雑巾で拭く。
3	○	畳は、畳の目（畳の横の線）と同じ方向に、乾いた雑巾で拭いたり掃除機をかける。
4	×	カビ取り剤など塩素系漂白剤を使用するときは、必ず窓を開けるか、換気扇を使用する。
5	×	はたきは、棚の上などのほこりを落とす道具である。高いところから低いところへと掃除をする。

第30回問題55　正答：1

1	○	服にほころびや破れがあるのに洗濯をすると、ほころびや破れがさらに大きくなる。修理してから洗濯する。
2	×	白い服と色のある服を分けて洗濯すると、服の色が他の服に移らない。
3	×	カシミヤのセーターは、塩素系漂白剤を使用すると服の状態が悪くなるので使わない。
4	×	ファスナーを開けたまま洗濯すると、服の形が変わったり、他の服を傷つけてしまう。
5	×	マジックテープをはずしたまま洗濯すると、糸やごみがついて、マジックテープが付きにくくなる。マジックテープははずさないで洗濯したほうがよい。

第31回問題55　正答：4

1	×	日当たりのよい場所でつり干し	
2	×	日陰でつり干し	
3	×	日当たりのよい場所で平干し	
4	○	日陰で平干し	
5	×	乾燥機を使って高温乾燥	

第2課 食事と誤嚥

第30回問題52　正答：4

1	×	節分→恵方巻・豆　／　正月→お節料理
2	×	桃の節句（ひな祭り）→ちらし寿司　など　／　端午の節句（こどもの日）→柏餅やちまき
3	×	七夕→そうめん　など　／　人日の節句（1月7日）→七草粥
4	○	土用の丑の日　／　うなぎのかば焼き
5	×	冬至→かぼちゃ　など

第29回問題57　正答：5

1	×	基本的な和食は、主食のご飯、汁物、おかず（主菜、副菜）である。
2	×	正しい配膳は、A：副菜、B：主菜、C：副菜、D：汁物（右図）。
3	×	主菜：肉や魚など、たんぱく質の食材。右奥に置く。
4	×	副菜：煮物やサラダ、野菜や海藻、果物など。左奥や真ん中に置く。
5	○	なお、漬物などは「副々菜」ともいい、真ん中に置く。
		汁物：みそ汁、お吸い物など。右側手前に置く。

（右図：副菜／主菜／副菜／主食／汁物 の配置図）

第30回問題45　正答：3

1	×	レモンはすっぱいので、むせやすく誤嚥する可能性が高い。
2	×	だんごは粘りがあるので喉や口の中に残りやすい。窒息などの危険がある。
3	○	プリンは嚥下障害がある利用者の食べ物として適切である。
4	×	牛乳は少し「とろみ」があるので、嚥下障害の程度によっては飲める。しかし、「最も適切」ではない。
5	×	紅茶などの「液体」は気道に入ってしまう可能性があり危険である。

第30回問題74　正答：2

1	×	歩くときに胸が痛くなるのは、嚥下障害ではなく、呼吸器や循環器などの障害の可能性が高い。
2	○	食事のとき、嚥下運動の異常で「むせる」ことがある。
3	×	上腹部に痛みがあるのは、胃、十二指腸、肝臓、胆嚢、すい臓の疾患の可能性がある。また、食後に異常が出るので嚥下障害ではない。
4	×	立ち上がったときに目の前が暗くなる「立ちくらみ」は、嚥下障害とは考えられない。
5	×	痰に血が混じるのは血痰といい、肺炎、肺結核、肺がんなどが原因と考えられる。なお、口から血が出た場合は、喀血という。

国家試験問題を解こう　解答と解説　　25

第 26 回問題 31　正答：5

1	×	ノロウイルスは、<ruby>冬<rt>ふゆ</rt></ruby>のほうが<ruby>多<rt>おお</rt></ruby>い。
2	×	ノロウイルスは、<ruby>感染力<rt>かんせんりょく</rt></ruby>が<ruby>強<rt>つよ</rt></ruby>いので、<ruby>集団感染<rt>しゅうだんかんせん</rt></ruby>（<ruby>一度<rt>いちど</rt></ruby>に<ruby>多<rt>おお</rt></ruby>くの<ruby>人<rt>ひと</rt></ruby>が<ruby>感染<rt>かんせん</rt></ruby>すること）になりやすい。
3	×	ノロウイルスの<ruby>感染経路<rt>かんせんけいろ</rt></ruby>は、<ruby>主<rt>おも</rt></ruby>に<ruby>経口感染<rt>けいこうかんせん</rt></ruby>である。
4	×	エタノールではなく、<ruby>次亜塩素酸<rt>じあえんそさん</rt></ruby>ナトリウムを<ruby>使<rt>つか</rt></ruby>って<ruby>消毒<rt>しょうどく</rt></ruby>する。
5	○	<ruby>感染者<rt>かんせんしゃ</rt></ruby>の<ruby>嘔吐物<rt>おうとぶつ</rt></ruby>や<ruby>便<rt>べん</rt></ruby>は<ruby>感染源<rt>かんせんげん</rt></ruby>になる。<ruby>処理<rt>しょり</rt></ruby>のときはマスクと<ruby>使<rt>つか</rt></ruby>い<ruby>捨<rt>す</rt></ruby>て<ruby>手袋<rt>てぶくろ</rt></ruby>が<ruby>必要<rt>ひつよう</rt></ruby>。

第 27 回問題 31　正答：5

1	×	<ruby>疥癬<rt>かいせん</rt></ruby>は、ヒゼンダニが<ruby>原因<rt>げんいん</rt></ruby>で<ruby>発症<rt>はっしょう</rt></ruby>する。
2	×	<ruby>疥癬<rt>かいせん</rt></ruby>は、<ruby>皮膚<rt>ひふ</rt></ruby>に<ruby>変化<rt>へんか</rt></ruby>が<ruby>見<rt>み</rt></ruby>られる。
3	×	<ruby>疥癬<rt>かいせん</rt></ruby>は<ruby>接触感染<rt>せっしょくかんせん</rt></ruby>するため、<ruby>疥癬<rt>かいせん</rt></ruby>の<ruby>感染者<rt>かんせんしゃ</rt></ruby>は<ruby>個室<rt>こしつ</rt></ruby>にする。
4	×	ヒゼンダニは<ruby>寝具<rt>しんぐ</rt></ruby>や<ruby>衣類<rt>いるい</rt></ruby>に<ruby>付<rt>つ</rt></ruby>いて<ruby>感染<rt>かんせん</rt></ruby>する。<ruby>疥癬<rt>かいせん</rt></ruby>の<ruby>感染者<rt>かんせんしゃ</rt></ruby>の<ruby>洗濯<rt>せんたく</rt></ruby>は<ruby>他<rt>ほか</rt></ruby>の<ruby>人<rt>ひと</rt></ruby>と<ruby>分<rt>わ</rt></ruby>けて<ruby>行<rt>おこな</rt></ruby>う。
5	○	<ruby>疥癬<rt>かいせん</rt></ruby>の<ruby>感染者<rt>かんせんしゃ</rt></ruby>の<ruby>入浴<rt>にゅうよく</rt></ruby>は<ruby>最後<rt>さいご</rt></ruby>にする。

第 31 回問題 25　正答：5

1	×	<ruby>感染対策<rt>かんせんたいさく</rt></ruby>の<ruby>委員会<rt>いいんかい</rt></ruby>を<ruby>開催<rt>かいさい</rt></ruby>する（<ruby>行<rt>おこな</rt></ruby>う）のは<ruby>任意<rt>にんい</rt></ruby>（<ruby>施設<rt>しせつ</rt></ruby>に<ruby>任<rt>まか</rt></ruby>せる）ではなく、<ruby>必<rt>かなら</rt></ruby>ず<ruby>行<rt>おこな</rt></ruby>わなければならない。
2	×	<ruby>日常生活<rt>にちじょうせいかつ</rt></ruby>での<ruby>手洗<rt>てあら</rt></ruby>いは、<ruby>液体石鹸<rt>えきたいせっけん</rt></ruby>と<ruby>流水<rt>りゅうすい</rt></ruby>を<ruby>使<rt>つか</rt></ruby>って<ruby>行<rt>おこな</rt></ruby>う。
3	×	<ruby>洗面所<rt>せんめんじょ</rt></ruby>のタオルは<ruby>細菌<rt>さいきん</rt></ruby>が<ruby>多<rt>おお</rt></ruby>くなり、<ruby>感染源<rt>かんせんげん</rt></ruby>になりやすいため、<ruby>共用<rt>きょうよう</rt></ruby>（<ruby>一緒<rt>いっしょ</rt></ruby>に<ruby>使<rt>つか</rt></ruby>うこと）にしないほうがよい。
4	×	<ruby>入所者<rt>にゅうしょしゃ</rt></ruby>の<ruby>健康状態<rt>けんこうじょうたい</rt></ruby>の<ruby>異常<rt>いじょう</rt></ruby>を<ruby>発見<rt>はっけん</rt></ruby>したら、すぐに<ruby>医師<rt>いし</rt></ruby>や<ruby>看護職<rt>かんごしょく</rt></ruby>など<ruby>医療関係者<rt>いりょうかんけいしゃ</rt></ruby>に<ruby>報告<rt>ほうこく</rt></ruby>する。
5	○	<ruby>排泄物<rt>はいせつぶつ</rt></ruby>は<ruby>感染源<rt>かんせんげん</rt></ruby>になるので、おむつは<ruby>直接手<rt>ちょくせつて</rt></ruby>で<ruby>触<rt>さわ</rt></ruby>らないで、<ruby>使<rt>つか</rt></ruby>い<ruby>捨<rt>す</rt></ruby>ての<ruby>手袋<rt>てぶくろ</rt></ruby>を<ruby>着用<rt>ちゃくよう</rt></ruby>する。

第 28 回問題 30　正答：5

1	×	<ruby>介護福祉士職<rt>かいごふくしししょく</rt></ruby>が<ruby>下痢<rt>げり</rt></ruby>や<ruby>嘔吐<rt>おうと</rt></ruby>が<ruby>続<rt>つづ</rt></ruby>く<ruby>場合<rt>ばあい</rt></ruby>は、<ruby>業務<rt>ぎょうむ</rt></ruby>を<ruby>行<rt>おこな</rt></ruby>わないで、<ruby>病院<rt>びょういん</rt></ruby>を<ruby>受診<rt>じゅしん</rt></ruby>する。
2	×	<ruby>汚<rt>よご</rt></ruby>れが<ruby>目<rt>め</rt></ruby>に<ruby>見<rt>み</rt></ruby>える<ruby>場所<rt>ばしょ</rt></ruby>を<ruby>消毒<rt>しょうどく</rt></ruby>するだけでは、<ruby>十分<rt>じゅうぶん</rt></ruby>な<ruby>感染症予防<rt>かんせんしょうよぼう</rt></ruby>にならない。
3	×	<ruby>床掃除<rt>ゆかそうじ</rt></ruby>は、ぬれたモップで<ruby>拭<rt>ふ</rt></ruby>いてから、<ruby>乾<rt>かわ</rt></ruby>いたモップで<ruby>拭<rt>ふ</rt></ruby>く。
4	×	<ruby>手袋<rt>てぶくろ</rt></ruby>をしていても、<ruby>手洗<rt>てあら</rt></ruby>いは<ruby>必<rt>かなら</rt></ruby>ずする。
5	○	<ruby>固形石鹸<rt>こけいせっけん</rt></ruby>は<ruby>菌<rt>きん</rt></ruby>が<ruby>増<rt>ふ</rt></ruby>えやすいため、<ruby>液体石鹸<rt>えきたいせっけん</rt></ruby>を<ruby>使<rt>つか</rt></ruby>うほうがよい。

第 32 回問題 54　正答：4

1	×	<ruby>嘔吐物<rt>おうとぶつ</rt></ruby>を<ruby>処理<rt>しょり</rt></ruby>した<ruby>手袋<rt>てぶくろ</rt></ruby>やペーパータオルは、ビニール<ruby>袋<rt>ぶくろ</rt></ruby>などに<ruby>入<rt>い</rt></ruby>れて<ruby>袋<rt>ふくろ</rt></ruby>を<ruby>閉<rt>し</rt></ruby>めて<ruby>捨<rt>す</rt></ruby>てる。
2	×	アルコールよりも<ruby>次亜塩素酸<rt>じあえんそさん</rt></ruby>ナトリウムなどで<ruby>消毒<rt>しょうどく</rt></ruby>する。
3	×	<ruby>二次感染<rt>にじかんせん</rt></ruby>の<ruby>可能性<rt>かのうせい</rt></ruby>があるため、もみ<ruby>洗<rt>あら</rt></ruby>いはしないほうがよい。
4	○	ノロウイルスがついた<ruby>服<rt>ふく</rt></ruby>は<ruby>塩素系消毒液<rt>えんそけいしょうどくえき</rt></ruby>（<ruby>次亜塩素酸<rt>じあえんそさん</rt></ruby>ナトリウムなど）につけて<ruby>消毒<rt>しょうどく</rt></ruby>し、<ruby>除菌<rt>じょきん</rt></ruby>するとよい。
5	×	お<ruby>湯<rt>ゆ</rt></ruby>の<ruby>温度<rt>おんど</rt></ruby>は 85℃〜 90℃が<ruby>適切<rt>てきせつ</rt></ruby>である。

第4課　関節リウマチ

第31回問題95　正答：5

1	×	低い椅子は、立つときに股関節や膝の関節に痛みを感じることがある。
2	×	膝を曲げて寝ると、寝返りがしにくいので、長い時間、同じ姿勢になる。そのため、関節が固まりやすくなる。
3	×	かばんの持ち手を握るとき、手指や手首を曲げた状態で力を入れるので、関節の変形が進む。荷物は腕で持つほうがよい。
4	×	ドアの取っ手は、丸いと関節に負担がかかる。レバー式のほうがよい。
5	○	ループ付きタオルを使うと、関節に負担がかからない。

第28回問題58　正答：3

1	×	リウマチは、早朝に関節の動きの制限とこわばりがでるので、早朝の散歩はよくない。
2	×	朝食は、健康な食生活のために必要である。栄養不足になると症状が悪化する。
3	○	午後になると、こわばりがなくなって、関節痛も軽くなる。このときに適切な運動を行うとよい。
4	×	マットレスが柔らかいと、自力で寝返りが難しくなる。
5	×	枕が高すぎると、頸椎（背骨の首の部分）に負担がかかる。枕の高さは、利用者に合わせて適切な高さにする。

第32回総合問題4問題123　正答：5

事例に「朝は手の動きが悪く痛みがある」と書かれている。

1	×	「睡眠不足」は、手の動きが悪くなる原因ではない。
2	×	「低栄養」は、手の動きが悪くなる原因ではない。
3	×	「平衡感覚の低下」は、手の動きが悪くなる原因ではない。
4	×	「筋力低下」は、手の動きが悪くなる原因ではない。
5	○	「関節の炎症」が、「手の動きが悪く痛みがある」原因である。

第32回総合問題4問題125　正答：3

1	×	前あきの衣類（服）のほうが着替えやすい。
2	×	柔らかいマットレスを使用する必要はない。利用者に合わせてベッドや布団を選ぶ。
3	○	Dさんは、「ここ数日、朝だけでなく1日中、何もしないのに手足の痛みが強くなってきた」と書いてある。関節の炎症が強くなっている可能性があるので、関節を動かす運動を控える（運動をしない）。
4	×	低い椅子は、使いにくい可能性もある。利用者に合わせて適切な高さの椅子を選ぶ。
5	×	頸部（首）が屈曲位（曲がった状態）になると、頸部に負担がかかる。枕の高さは、利用者に合わせて適切な高さにする。

第**5**課　パーキンソン病

第 30 回問題 75　　正答：5
1　✕　パーキンソン病の症状は、「前屈姿勢」で、後ろに曲がる「後屈姿勢」ではない。
2　✕　パーキンソン病の症状は、歩幅が狭くなる「小刻み歩行」で、歩幅が広い「大股な歩行」ではない。
3　✕　「血圧の上昇」は、一般的なパーキンソン病の症状ではない。
4　✕　「下痢」は、パーキンソン病の症状として一般的ではない。自律神経の異常や運動量の低下などで便秘が起こる。
5　〇　パーキンソン病の症状に「無動」があり、「無表情」になる。

第 32 回問題 95　　正答：3
Hさんは、「立位時（立っているとき）の前傾姿勢が強くなり、歩行時の方向転換（方向を変えること）が不安定になり始めた。日常生活動作には介助を必要としない」。つまり、Hさんは、姿勢反射障害がある。「ホーエン・ヤールの重症度分類」は、テキスト p.52。
1　✕　「ステージ I 」では、姿勢反射障害がない。
2　✕　「ステージ II 」では、姿勢反射障害がない。
3　〇　姿勢反射障害はあるが、日常生活動作に介助を必要としないため、「ステージⅢ」。
4　✕　「ステージⅣ」では、日常生活動作で部分的に介助を必要とする。
5　✕　「ステージⅤ」では、日常生活動作で介助を必要とする。

第 30 回問題 57　　正答：2
1　✕　利用者が自分でベッドに乗り降りできるように、ベッドの高さは利用者に合わせる。
2　〇　ベッドに手すりをつけることはよい。起きるとき、立つときなど、自分で動くときに、手すりは助けとなる。
3　✕　マットレスは、寝返りや立ち上がりなどがしやすい硬さが必要である。
4　✕　ステージ3では、姿勢反射障害が見られる。床にマットを敷くと、マットの段差で転びやすい。また、柔らかいものは不安定で危険。
5　✕　姿勢反射障害の症状が現れると、前傾姿勢になりやすい。頸部（首）が前屈になると、前傾姿勢がさらに進むことがある。

第 29 回問題 94　　正答：2
1　✕　ステージ3では、姿勢反射障害が見られる。転倒防止のために、履物は脱げにくくて、歩きやすいものがよい。
2　〇　パーキンソン病の進行で、咀しゃく能力が低下していることがある。飲み込む力が弱い、食べ物が食道を通らないなどという状態になるので、誤嚥に気をつける。
3　✕　ステージ3は、介助なしで自立した生活を送れることが多い。安静にして過ごす必要はない。
4　✕　薬を2回分服用する（薬を飲む）と副作用が起こることがある。薬を飲み忘れても、1回の服用量を守る。
5　✕　パーキンソン病の薬を服用していると便秘になることがある。食物繊維の多い食べ物を避ける必要はない。

第6課 糖尿病（とうにょうびょう）

第29回問題76　正答：3

1	×	Aさんは、医療機関の受診で、いつもより朝食と昼食の間があいたので、低血糖症状が起こったと考えられるが、原因を検討しないで、すぐにベッドで休むことは危険である。
2	×	この状況で薬を飲むと、さらに血糖値を下げる可能性がある。
3	〇	まず血糖値を測定して（測って）、低血糖と診断されないと適切な対応ができない。
4	×	インスリンは血糖値を下げる。低血糖と考えられる状況で、インスリンを自己注射するのは、さらに血糖値を下げる可能性があるため、危険である。
5	×	様子を見るだけで何も行動しないのは、非常に危険である。

第31回問題102　正答：3

1	×	熱を測ることは大切であるが、「ただちに（すぐに）医療職に相談する」ことではない。
2	×	事例の情報だけで、「脱水」と判断することは難しい。
3	〇	「低血糖」の症状に、冷や汗、顔面蒼白（顔色が悪くなる）、動悸などがある。Dさんにも、これらの症状が見られる。また、風邪などで体調が悪いと「低血糖」が起こることがある。
4	×	「貧血」かもしれないが、「ただちに医療職に相談する」必要性は低い。
5	×	Dさんから体調について訴えがあったので、「意識障害」ではないと考えられる。

第7課 脳血管疾患（のうけっかんしっかん）

第30回総合問題1問題114　正答：5

1	×	注意障害は、集中できなかったり、注意が続かなかったりする。Bさんの症状とは違う。
2	×	失行は、体の動きに異常がないのに身につけた動作ができない。Bさんの症状とは違う。
3	×	見当識障害は、時間や空間、場所、人などがわからなくなる。Bさんの症状とは違う。
4	×	実行機能障害は、計画を立てて、順番に行動できない。Bさんの症状とは違う。
5	〇	左半側空間無視は、本人から見て左側が認識できなくなる。事例に「お膳の左側の食べ残しが目立ち」とある。Bさんの症状は「左半側空間無視」である。

第30回問題29　正答：4

1	×	Kさんは、運動性失語症で話すことが難しいのでこの質問に答えるのは難しい。「はい、いいえ」で答えられる質問がよい。
2	×	Kさんは「伝えたい言葉が見つからないようで、もどかしそうであった」とある。Kさんに繰り返してもらうことは適切ではない。
3	×	Kさんが何を言いたいかを理解することが大切である。
4	〇	Kさんが答えやすいように、「はい、いいえ」で答えられる質問なので、適切である。
5	×	Kさんは、伝えたい言葉が見つからないで、もどかしい様子なので、適切ではない。

1	×	Jさんはどうすればよいかわからないので、注意されたら混乱してしまう可能性がある。
2	×	Jさんは麻痺のために着替えられないのではない。待つことは、適切ではない。
3	×	Jさんになぜ着替えができないのかを聞いても、Jさんもわからないので、適切ではない。
4	○	Jさんは着替えのしかたを少しずつ教えてもらえれば、着替えを続けることができる。次の動作のきっかけをつくることはよい。
5	×	着替えのしかたを細かく指示する必要はない。指示されても指示通りに最後までできるわけではないので、適切ではない。

「共感」とは、他人の意見や感情をそのとおりだと感じることである。

1	×	「不安な気持ちに負けてはいけません」は、共感的な応答ではない。
2	×	「きっとじ自宅に戻れますよ」は、個人的な考えで、共感的な応答ではない。
3	×	「Hさんが不安に思う必要はありません」は、Hさんの不安な気持ちを否定している。
4	×	「Hさんがかわいそうです」は、同情的な応答であり、共感的な応答ではない。
5	○	「リハビリがうまくいかなくて、不安なのですね」は、共感的な応答である。

第8課　認知症① 認知症の症状

1	×	「トイレの水を流すことができない」は、「失行」と考えられる。失行は中核症状である。
2	×	「物事の計画を立てることができない」は、「実行機能障害」と考えられる。実行機能障害は中核症状である。
3	×	「言葉を発することができない」は、「失語」と考えられる。失語は中核症状である。
4	×	「親しい人がわからない」は、「見当識障害」と考えられる。見当識障害は中核症状である。
5	○	「昼夜逆転が生じる」は、「睡眠障害」と考えられる。睡眠障害は、認知症の行動・心理症状（BPSD）なので正しい。

1	×	「幻視」とは、見えないはずのものが見えること。
2	○	「失行」とは、体の動きに異常がないのに、身につけた動作ができないこと。Mさんは、「歯を磨く」という身につけた動作ができないので、正しい。
3	×	「振戦」とは、手指が震えること。
4	×	「脱抑制」とは、感情や行動をうまくコントロールできないこと。
5	×	「常同行動」とは、同じ言動や行動を繰り返すこと。

第29回問題86　　正答：4	
1	×	夫もわかっていることを言っていて、夫の気持ちを理解しようとしていない。
2	×	夫の気持ちを理解しようとしないで、妻の症状だけを説明している。
3	×	他の家族と同じだと言って、夫の気持ちを理解しようとしていない。
4	○	夫のつらい気持ちをよく聴くことで、夫が自分の気持ちを理解してもらえたと感じることが大切。
5	×	介護職が「夫がうつ状態だ」と決めて、受診を勧めることは適切ではない。

第9課　認知症②　認知症の種類（四大認知症）

第29回問題81　　正答：4	
1	×	血管性認知症は、男性に多い。
2	×	血管性認知症は、「ゆっくりと少しずつ」ではなく、段階的に進行する。
3	×	血管性認知症は、重症になるまで、人格が変化しないことが多い。
4	○	血管性認知症は、頭痛、めまい、物忘れなどの初期症状が現れやすい。
5	×	血管性認知症は、50代以降の人に多い。

第30回問題80　　正答：2	
1	×	脳室内に髄液がたまる病気。
2	○	「レビー小体型認知症」は、幻視やパーキンソン症状などが見られる。Cさんにも、このような症状が見られるので、正しい。
3	×	「硬膜下血腫は、脳の硬膜下の静脈から出血し、血腫ができると起こる。
4	×	「血管性認知症」は、脳血管障害に関連した認知症で、頭部MRIで診断される。
5	×	「うつ病」は、長い間、抑うつ状態が続く。

第30回問題79　　正答：5	
1	×	前頭側頭型認知症は、記憶障害があまり目立たないので、「物忘れの自覚（物忘れが多いと自分で気がつく）」の可能性は低い。
2	×	「幻視」の症状は、レビー小体型認知症に多く見られる。
3	×	「抑うつ」は、認知症になるとよく見られる症状である。前頭側頭型認知症に特徴的な症状ではない。
4	×	前頭側頭型認知症は、急速に症状が進行することはない。
5	○	「常同行動」は、前頭側頭型認知症の主な症状である。

1	×	Cさんは「泥棒に通帳を盗まれた」と言っているが、Cさんの訴えを否定している。
2	×	「話題を変える」ことは、Cさんの気持ちを受け止めていない。
3	○	Cさんの気持ちを受け止めて対応している。
4	×	認知症による症状だとCさんに伝えることは、Cさんの訴えを否定している。Cさんが混乱する可能性がある。
5	×	Cさんが通帳の保管場所（しまっている場所）を忘れていると考えていて、Cさんの訴えを否定している。

1	×	Lさんは、M介護福祉士職のことを自分の夫だと思っているのであって、女性職員に対応してもらいたいわけではない。
2	×	Lさんは、夫が亡くなっていることを理解できていないため、混乱させてしまう可能性がある。
3	○	耳を傾ける（話を聴く）ことは、Lさんは相手に受け入れてもらえたと感じて、安心する。
4	×	作業を依頼することは、Lさんの不安な気持ちを解消する支援ではない。
5	×	介護職がLさんに忙しいと伝えると、Lさんは受け入れてもらえないと感じ、不安になる。

第10課　高齢者や障害者への虐待

1	○	虐待は家族や介護者によって行われることが多い。
2	×	高齢者本人の財産を勝手に扱うのは経済的虐待に含まれる。
3	○	虐待には高齢者の心理状態や障害に対する理解不足も関係している。
4	○	介護者の心身の負担を軽くすることは虐待の予防につながる。
5	○	高齢者と介護者を社会から孤立させないためには周囲の人々の理解と連携が重要となる。

1	○	「虐待者とのみ同居」が最も多い。
2	×	「息子」が最も多い。
3	×	「未婚の子と同居」が最も多い。
4	×	「当該施設職員」が最も多い。
5	×	「特別養護老人ホーム」が最も多い。

第28回問題14　　正答：4
1　×　介護福祉士職は、虐待を早期発見しなければならない。「職場を辞めないように」という助言は、誤っている。
2　×　「警察に通報する」ことは、適切ではない。
3　×　地域包括支援センターは、高齢者虐待に対応する中核機関である。
4　○　使用者による虐待を受けたと思われる障害者を発見した者は、速やかに市町村または都道府県に通報しなければならない。
5　×　介護福祉士職が虐待があると判断して、会社に申し入れる（要望を相手に伝える）ことは、適切ではない。

第31回問題86　　正答：5
1　×　息子がいつもよく介護していることを認めて、母親に怒鳴られたことをまず共感する。
2　×　このときは、まだたたいていないので、通報するのは適切ではない。
3　×　認知症の人にも怒鳴る理由がある。「仕方がない」と言うのは、適切な支援方法ではない。
4　×　家族会の紹介は必要性は高いが、このときにすぐに効果があるものではない。
5　○　まずは、息子の話を聞いて、母親をたたきそうになった原因を一緒に考える必要がある。

第11課　介護福祉士に関する法律

第31回問題18　　正答：4
社会福祉士及び介護福祉士法における義務は、「誠実義務」「信用失墜行為の禁止」「秘密保持義務」「連携」「資質向上の責務」である。
1　×　義務ではない。
2　×　義務ではない。
3　×　義務ではない。
4　○　「連携」は、介護福祉士の義務として定められている。
5　×　義務ではない。

第30回問題18　　正答：2
1　×　介護福祉士国家試験に合格して、介護福祉士登録簿に登録しなければならない。
2　○　介護福祉士は「利用者やその介護者に介護に関する指導を行う」と定められている。
3　×　成年被後見人、被保佐人は介護福祉士になることができない。
4　×　「1年以下の懲役または30万円以下の罰金」は、秘密保持義務に違反したときの罰則。
5　×　介護福祉士登録簿に登録しなければならない。

第 27 回問題 19	正答：4

1 × 介護福祉士の資格は名称独占の資格である。

2 × 介護福祉士の資格は更新制ではない。

3 × 介護福祉士の申請・登録は、「社会福祉振興・試験センター」が行っている。

4 ○ 介護福祉士は、介護などに関する知識や技術の向上のために努力しなければならない。

5 × 禁固以上の刑を受けて、その刑が終わってから 2 年以内の人は、介護福祉士の資格を使って仕事ができない。

第 29 回問題 109	正答：1

1 ○ 「社会福祉士及び介護福祉士法」の改正で、介護福祉士が喀痰吸引や経管栄養の医療行為を行えるようになった。

2 × 「社会福祉法」は、社会福祉の目的や理念、原則などについての法律である。

3 × 「介護保険法」は、介護保険制度についての法律である。

4 × 「医師法」は、医師の資格等についての法律である。

5 × 「保健師助産師看護師法」は、保健師、助産師、看護師、准看護師の資格や業務についての法律である。

第12課　介護保険① 介護保険制度

第 26 回問題 12	正答：4

1 × 「介護保険法」の施行前にも、「高齢者保健福祉推進十か年戦略（ゴールドプラン）」なども策定していた。

2 × 「家族の自助努力（家族で助け合うように、自分たちで努力すること）」ではなく、介護を社会全体で支える「介護の社会化」を実現することである。

3 × 「介護保険法」の保険給付の種類は、介護給付、予防給付、市町村特別給付の 3 種類である。

4 ○ 「介護保険法」に「国民の共同連帯の理念に基づき介護保険制度を設ける」と書かれている。

5 × 介護保険制度は、民間企業や民間非営利団体も介護サービス事業者になることを認めている。

第 29 回問題 27	正答：1

1 ○ 行政、医療機関、介護サービス事業者、民生委員、ボランティアなどとのネットワークが必要とされている。

2 × 原則として、保健師、社会福祉士、主任介護支援専門員を置く。

3 × 地域包括支援センターの役割は、「各種介護保険サービスを包括的に提供する」のではなく、包括的支援事業等を行うことである。

4 × 地域包括支援センターは、要支援者と介護予防・生活支援サービス事業対象者に対して、介護予防ケアマネジメントを実施する。

5 × 「小学校区」ごとに設置するのではなく、「中学校区」ごとである。

第30回問題85　　正答：5	
1	✕ 「福祉事務所」は、「援護や育成、更生の措置」についての事務を行うところである。
2	✕ 「地域活動支援センター」は、障害者等が通って、創作活動をしたり、生産活動の機会を提供したり、社会との交流をすすめる施設である。
3	✕ 「居宅介護支援事業所」は、要介護認定を受けた人が介護サービスを利用するときに、介護支援専門員がケアプランを作成する事業所である。
4	✕ 「認知症疾患医療センター」は、地域包括支援センターなどからの紹介で、認知症の専門治療を行うところである。
5	〇 「地域包括支援センター」は、福祉に関する相談支援業務をしている。Dさんについて相談するところとして最もよい。

第 13 課 　介護保険② 介護保険のしくみとサービス

第32回問題9　　正答：2	
1	✕ 40歳以上の人の加入は義務であるので、正しくない。
2	〇 第一号被保険者は、65歳以上である。
3	✕ 第二号被保険者は、40歳以上65歳未満なので正しくない。
4	✕ 第一号被保険者の保険料は、市町村や区が運営主体として徴収するため、正しくない。
5	✕ 第二号被保険者の保険料は、市町村や区が運営主体として徴収するため、正しくない。

第31回問題21　　正答：2	
1	✕ サービス提供者は、訪問介護計画の作成、訪問介護員に対する指導・指示を行う人のこと。
2	〇 利用者状況の変化に応じて、随時訪問サービスを提供する。
3	✕ 基本報酬（労働に対して払われるお金）は、事業所の形態や、訪問看護の利用の有無によって違う。
4	✕ 入浴、排泄、食事などの介護、日常生活での緊急時の対応も行っている。
5	✕ 要介護度1以上の人が利用できる。

第29回問題116　　正答：3	
1	✕ 通所介護（デイサービス）は、在宅での生活を続けることを目的としたサービス。「泊まる」「訪問」はない。
2	✕ 短期入所療養介護は、短期入所（ショートステイ）である。「通い」「訪問」がない。
3	〇 「通い」を中心に、「訪問」「泊まり」を一体的に組み合わせたサービス。
4	✕ 定員が29人以下の特定施設（介護付有料老人ホーム等）で、施設の入居者に介護や日常生活の支援を行う。「通い」「訪問」がない。
5	✕ 定員が29人以下の介護老人福祉施設（特別養護老人ホーム）で、施設の入居者に介護や機能訓練を行う。「通い」「訪問」がない。

第 **14** 課　障害者福祉① 障害者の法制度

第 32 回問題 88　　正答：3	
1	✕ 法の対象者はすべての国民であるため正しくない。
2	✕ 合理的配慮は、一人一人に適切な配慮をすることで、すべての障害者に同じ配慮をすることではない。
3	○ 障害者差別解消法は、共生社会の実現を目指している。
4	✕ 障害者ではなく、健常者（心身に病気や障害がない者）が、合理的配慮の提供に努めなければならない。
5	✕ 協議会は、民間事業者だけではなく、行政機関の関係者、学識経験者（専門的な知識や経験がたくさんある人）等によって構成される。

第 30 回問題 12　　正答：4	
1	✕ 身体障害者手帳を見せたらバスに乗ってもよいというのは、「障害を理由とした差別」である。
2	✕ 手話通訳者がいなくても、筆談などでコミュニケーションをとるなど「合理的配慮」を行うべきである。
3	✕ 介助者がいなくても、店員がメニューを読み上げるなどの「合理的配慮」を行うべきである。
4	○ 知的障害者にわかりやすい言葉で書いた資料を用意することは、「合理的配慮」である。
5	✕ 医師の診断書の提出で入居を決定することは、「障害を理由とした差別」になる。

第 30 回問題 124　　正答：4	
1	✕ 身体障害者手帳で受けられるサービスは、以下のようなものがある。
2	✕ ・車いす・技師・装具などの福祉機器の交付
3	✕ ・医療費の助成
4	○ ・公共交通機関の料金の割引
5	✕ ・公共施設の入場料の割引　　など

第 **15** 課　障害者福祉② 障害者総合支援法のサービス

第 26 回問題 15　　正答：2	
1	✕ 障害者総合支援法の財源は、税方式（財源が公費）で変更はない。介護保険の財源は、社会保険方式（財源が公費と保険料）である。
2	○ 障害者の範囲に難病患者等が加えられた。
3	✕ 利用者負担は、応益負担から応能負担に変わった。
4	✕ 地域包括支援センターの設置は、介護保険法により決められている。
5	✕ 障害者総合支援法より前に、「重度訪問介護」はつくられた。

第 27 回問題 13　　正答：5
1　✕　「障害者総合支援法」は、所得保障を目的とはしない。
2　✕　「障害者総合支援法」で、「障害者」とは、身体障害者、知的障害者、精神障害者（発達障害を含む）、難病などで、18 歳以上の者のことである。
3　✕　原則として、障害者本人、または、障害児の保護者が申請をする。
4　✕　障害児が障害福祉サービスを利用する場合も、障害支援区分認定のための調査が行われる。
5　○　市町村審査会は、障害者等、その家族、医師、その他の関係者の意見を聞くことができる。

第 29 回問題 124　　正答：1
1　○　就労移行支援は、一定期間（約 2 年）、就労に必要な知識・能力の向上を目的とした訓練を行う。
2　✕　自立訓練（生活訓練）は、就労移行支援につなげるためのサービスである。生活の訓練を行う。
3　✕　就労継続支援 A 型（雇用型）は、「通常の事業所で雇用されることは難しいが、雇用契約での就労ができる人」と雇用契約を結んで、就労に必要な知識・能力の向上のための訓練を行う。
4　✕　就労継続支援 B 型（非雇用型）は、「通常の事業所で雇用されることは難しく、雇用契約での就労も難しい人」に就労の機会を提供し、就労に必要な知識・能力の向上を目的とした訓練を行う。
5　✕　地域移行支援は、障害者支援施設等に入所している者、または精神科病院に入院している者など、必要な相談や支援を行うサービスである。

第 32 回問題 124　　正答：2
「電動車いす」の購入を申請できるのは「2. 補装具費」となる。
1　✕　介護給付費
2　○　補装具費
3　✕　自立支援医療費
4　✕　訓練等給付費
5　✕　相談支援給付費

第 28 回問題 112　　正答：3
1　✕　「同行援護」は、視覚障害で移動が難しい場合に利用できるサービスである。
2　✕　「行動援護」は、知的障害、または精神障害のため、行動が難しく介護が必要なときに利用できるサービスである。
3　○　「重度訪問介護」は、重度の肢体不自由または知的障害、精神障害のために行動が難しく、介護が必要なときに利用できるサービスである。
4　✕　「自立訓練事業」は、地域で生活するときに生活能力の維持や向上のための支援が必要なときに使えるサービスである。
5　✕　L さんは認知症や知的障害、精神障害はなく、判断能力もあるので、L さんが利用できるサービスではない。

嚥下障害がある利用者に提供する飲食物として，最も適切なものを1つ選びなさい。

1 レモンジュース

2 だんご

3 プリン

4 牛乳

5 紅茶

答え [　　　　　]

この答えを選んだ理由は？

嚥下障害に関する次の記述のうち，適切なものを1つ選びなさい。

1 歩く時に胸が痛くなる。

2 食事の時にむせる。

3 食後に上腹部痛が生じる。

4 立ち上がった時に目の前が暗くなる。

5 咳をした時に痰に血が混じる。

答え [　　　　　]

この答えを選んだ理由は？

自分のことば で 話してみましょう

> **1.** あなたの国の、季節の行事と特別な食べ物について話してみましょう。

> **2.** あなたの施設では、どのような誤嚥予防をしていますか。
せんぱいの意見を参考に、具体的に説明しましょう。

せんぱいの意見

- 気をつけていることは、しっかり目が覚めてから食事を始めることです。食事の椅子はかかとが床につく高さにします。

- 食事の始めにお茶や汁物で口の中を湿らせてもらいます。

- 食事の姿勢を適切にして、食事介助のスピードをゆっくりにします。

- 誤嚥が起きたときは、看護師に報告して吸引します。

クールダウン

▆ I. 〔　〕の意味の言葉を a ～ c の中から選び、＿＿＿＿に入れましょう。

1. 日本では、節分や七夕などの＿＿＿＿で特別なものを食べる習慣がある。

〔▶ だいたい決まった日に行うこと、季節のイベント〕

    a．行事　　　　b．祝日　　　　c．予定

2. 高齢になると、食事中に＿＿＿＿がうまくできないことが増える。　〔▶ 食べ物を飲み込むこと〕

    a．嚥下　　　　b．咀嚼　　　　c．判断

3. 食べ物を口の中でよく噛んで、飲み込みやすい形にまとめて、＿＿＿＿を作る。

〔▶ 食べ物のかたまり〕

    a．食事　　　　b．食塊　　　　c．摂食

4. 高齢者は、誤嚥性＿＿＿＿を起こしやすい。　〔▶ 肺の病気〕

    a．肺炎　　　　b．鼻炎　　　　c．胃腸炎

5. 誤嚥した場合は、＿＿＿＿の危険性がある。　〔▶ 息ができないこと〕

    a．喘息　　　　b．窒息　　　　c．寝息

▆ II. 正しいものに〇を書きましょう。正しくない場合は、誤っている部分に線を書きましょう。

1. 日本では、節分にちらし寿司を食べる習慣がある。　（　　）

2. 日本では、3月3日の桃の節句（ひな祭り）には、ちまきや柏餅を食べる。　（　　）

3. カステラは、嚥下しやすい食べ物である。　（　　）

4. 誤嚥とは、食物や異物が食道につまってしまうことである。　（　　）

5. 誤嚥の予防には、適切な姿勢で食事をすることが重要である。　（　　）

日本には1年の中に多くの季節行事があります。利用者は食を通して季節を感じます。また、食事は人間の生活に必ず必要なものです。食事の介助方法や誤嚥について理解して、毎日の業務の中で実践してみましょう。

第 **3** 課　感染症

┌ + 学習目標 + ─────────────

- ☐ ❶「感染症」に関する言葉の意味を理解する
- ☐ ❷「感染症」に関する文章を読み、内容を理解する
- ☐ ❸「感染症」に関する国家試験問題の内容を理解して答える
- ☐ ❹ 感染症の症状や感染予防について説明する

┌ + ウォーミングアップ + ─────────────

1 あなたの国や地域に多い感染症は何ですか。どのように感染症を予防していますか。

2 あなたの施設で、インフルエンザやノロウイルスなどの感染症に利用者や職員が感染したことがありますか。感染者が増えないように、どのようなことをしましたか。

あなたは感染症にかかったことがありますか。どのような症状が出ましたか。

🔍 言葉を調べてみましょう

	言葉	読み方	意味
□ 1	感染する		
□ 2	病原体		
□ 3	菌		
□ 4	下痢		
□ 5	腹痛		
□ 6	症状		
□ 7	引き起こす		
□ 8	現れる		
□ 9	通常		
□ 10	特徴		

● あなたは、どのような感染症を知っていますか。その感染症はどんな症状が現れますか。

📖 読んでみましょう：「腸管出血性大腸菌（EHEC）感染症」

感 染 症	腸管出血性大腸菌感染症
読 み 方	ちょうかん　しゅっけつせい　だいちょうきん　かんせんしょう
英語・母語	Enterohemorrhagic Escherichia coli infection; EHEC
説　明	• この感染症の代表的な病原体はO-157で、①菌が下痢や腹痛などの症状を引き起こす。 • 口からの感染が多い。（食べて感染する） • 感染してから②症状が現れるまで、通常の感染症よりも長いことが特徴である。

🔑 キーワード　感染症／O-157／腸管出血性大腸菌感染症　　　　➡📖

❶ 次の言葉を説明しましょう。

① 菌が下痢や腹痛などの症状を引き起こす　　② 症状が現れる

❷ 「腸管出血性大腸菌感染症」の説明を読んで、まとめましょう。

病 原 体	：＿＿＿＿＿＿＿＿＿が代表的な菌
主 な 症 状	：＿＿＿＿＿＿＿＿＿＿＿＿＿＿＿＿＿＿＿＿
感 染 経 路	：＿＿＿＿＿＿＿＿＿からの感染が多い
特 徴	：通常の感染症と違って、感染してから症状が現れるまでの期間が＿＿＿＿＿。 つまり、O-157 は感染しても、すぐに症状が＿＿＿＿＿＿＿＿＿＿＿＿。

✎ やってみましょう

❶ 次の感染症に関する説明で正しいものを選びなさい。わからないときは「緑膿菌」「日和見感染症」をインターネットで検索してみましょう。

① 緑膿菌 （　　）　　　　② 日和見感染症 （　　）

A.	健康な人には感染症を起こさない菌が原因になり、免疫力が低下した人が発症する感染症のこと。

B.	人の腸内や自然界に広く存在していて、栄養が少ないところでも増えることができるため、水回りによく発生する菌のこと。免疫力が低下している人に感染し、呼吸器感染症・尿路感染症・敗血症などを起こす。

❷ 次の感染症はどんな症状が現れますか。わからないときは「インフルエンザ　症状」などでインターネットで検索してみましょう。

① インフルエンザ　　　　② ノロウイルス

Check! 次の文が正しい場合は、〇を書きましょう。正しくない場合は、誤っている部分に線を書きましょう。

O-157 は感染したら、すぐに下痢や腹痛などの症状が現れる。　（　　）

キーワード	緑膿菌／日和見感染症／ノロウイルス／インフルエンザ	➡ 📖

<ruby>言葉<rt>こと ば</rt></ruby>を<ruby>調<rt>しら</rt></ruby>べてみましょう

<ruby>言葉<rt>こと ば</rt></ruby>	<ruby>読み方<rt>よ かた</rt></ruby>	<ruby>意味<rt>い み</rt></ruby>
☐ 1 経路		
☐ 2 経口		
☐ 3 飛沫		
☐ 4 接触		
☐ 5 血液		
☐ 6 汚染する		
☐ 7 (空気)中		
☐ 8 呼吸する		

● あなたはどんな<ruby>感染経路<rt>かんせんけい ろ</rt></ruby>を<ruby>知<rt>し</rt></ruby>っていますか。

<ruby>読<rt>よ</rt></ruby>んでみましょう：「<ruby>感染経路<rt>かんせんけい ろ</rt></ruby>」

　<ruby>感染症<rt>かんせんしょう</rt></ruby>の<ruby>感染経路<rt>かんせんけい ろ</rt></ruby>には、<ruby>経口感染<rt>けいこうかんせん</rt></ruby>、<ruby>飛沫感染<rt>ひ まつかんせん</rt></ruby>、<ruby>空気感染<rt>くう き かんせん</rt></ruby>、<ruby>接触感染<rt>せっしょくかんせん</rt></ruby>、<ruby>血液感染<rt>けつえきかんせん</rt></ruby>などがある。<ruby>経口感染<rt>けいこうかんせん</rt></ruby>は、<ruby>汚染<rt>お せん</rt></ruby>された<ruby>食<rt>た</rt></ruby>べ<ruby>物<rt>もの</rt></ruby>を<ruby>食<rt>た</rt></ruby>べて<ruby>感染<rt>かんせん</rt></ruby>することである。
　<ruby>飛沫感染<rt>ひ まつかんせん</rt></ruby>は、<ruby>咳<rt>せき</rt></ruby>やくしゃみなどから<ruby>感染<rt>かんせん</rt></ruby>することである。<ruby>空気感染<rt>くう き かんせん</rt></ruby>は、<ruby>呼吸<rt>こ きゅう</rt></ruby>をしたときに、<ruby>空気中<rt>くう き ちゅう</rt></ruby>に<ruby>長時間<rt>ちょう じ かん</rt></ruby>いる<ruby>病原体<rt>びょうげんたい</rt></ruby>が<ruby>体<rt>からだ</rt></ruby>の<ruby>中<rt>なか</rt></ruby>に<ruby>入<rt>はい</rt></ruby>って、<ruby>感染<rt>かんせん</rt></ruby>することである。<ruby>接触感染<rt>せっしょくかんせん</rt></ruby>は、<ruby>手<rt>て</rt></ruby>や<ruby>指<rt>ゆび</rt></ruby>、<ruby>病原菌<rt>びょうげんきん</rt></ruby>のついたタオルなどから<ruby>感染<rt>かんせん</rt></ruby>することである。<ruby>血液感染<rt>けつえきかんせん</rt></ruby>は、<ruby>汚染<rt>お せん</rt></ruby>された<ruby>血液<rt>けつえき</rt></ruby>などから<ruby>感染<rt>かんせん</rt></ruby>することである。

キーワード　<ruby>感染経路<rt>かんせんけい ろ</rt></ruby>／<ruby>経口感染<rt>けいこうかんせん</rt></ruby>／<ruby>飛沫感染<rt>ひ まつかんせん</rt></ruby>／<ruby>空気感染<rt>くう き かんせん</rt></ruby>

✎ やってみましょう

❶ 感染経路に関する文章を読んで、＿＿＿に合う言葉を書きましょう。

① 経口感染は＿＿＿＿＿＿＿＿＿＿＿＿＿＿＿＿を食べて、感染すること

② 飛沫感染は＿＿＿＿＿＿＿＿＿＿＿＿＿＿＿＿などから感染すること

③ 接触感染は＿＿＿＿＿＿＿＿＿＿＿＿＿＿＿＿などから感染すること

❷ 感染経路に関する文章を読んで、①〜⑤に適した言葉を a 〜 e の中から選びなさい。

【a．経口　　b．空気　　c．接触　　d．血液　　e．飛沫】

 ① ＿＿＿＿感染

 ② ＿＿＿＿感染

 ③ ＿＿＿＿感染

 ④ ＿＿＿＿感染

 ⑤ ＿＿＿＿感染

❸ 次の感染症の主な感染経路について答えましょう。わからない場合は「インフルエンザ　感染経路」などでインターネットで検索してみましょう。

① インフルエンザ

② ノロウイルス

③ MRSA

Check! 次の文が正しい場合は、〇を書きましょう。正しくない場合は、誤っている部分に線を書きましょう。

汚染された食べ物を食べて感染することを接触感染といい、例としてノロウイルスなどがある。　（　　）

キーワード｜接触感染／血液感染／MRSA　　　　　➡📖

29

🔍 言葉を調べてみましょう

		言葉	読み方	意味
☐	1	対応		
☐	2	消毒する		
☐	3	薄める		
☐	4	処理		
☐	5	着用する		
☐	6	使い捨て		
☐	7	拭き取る		
☐	8	隔離する		

● 「使い捨て」のものには、どんなものがありますか。（例：マスク）

📖 読んでみましょう：「ノロウイルスの予防と対応」

主な対応	具体的な対応と予防
環境やシーツ等の消毒	ノロウイルスには塩素系消毒液がよい。 消毒液は次亜塩素酸ナトリウムなどを水で薄めて作る。嘔吐物がついた服やシーツは他のものと分けて洗って、次亜塩素酸ナトリウムなどで消毒する。カーテン、ドアノブなども消毒液で消毒する。
嘔吐物等の処理	使い捨てのマスクや手袋を着用する。嘔吐物に次亜塩素酸ナトリウムをまいて、ペーパータオルで拭き取る。嘔吐物や手袋はビニール袋に入れて、袋をしっかり閉めて捨てる。
感染した（または、疑いがある）入居者への対応	• 施設の入居者に下痢や嘔吐などの症状があるときは、隔離する。個室で生活するようにする。 • 症状が改善した後も、しばらくの間は様子をみる。

キーワード 感染症の予防／塩素系消毒液／次亜塩素酸ナトリウム ➡📖

● 表を読んで、感染症の予防と対応について、適切な言葉を下から選び_____に入れましょう。

【a．消毒液 　 b．マスクや手袋 　 c．隔離 　 d．消毒】

① 感染予防のため家のトイレなどのドアノブを_____で拭く。

② 嘔吐物がついた服は分けて洗って_____する。

③ 嘔吐物の処理のときは、介護職は_____をつける。

④ 入居者に感染症の疑いがあるときは、_____する。

✎ やってみましょう

❶ 感染症「疥癬」を調べて、表を完成させましょう。

感染症	疥癬
読み方	かいせん
英語・母語	
原因・症状	
感染経路	
予防・対応	

❷ 感染症について1つ調べて、表を完成させましょう。どのような感染症かクラスメートに説明しましょう。

感染症	
読み方	
英語・母語	
原因・症状	
感染経路	
予防・対応	

Check! 次の文が正しい場合は、〇を書きましょう。正しくない場合は、誤っている部分に線を書きましょう。

ノロウイルスの感染者が使った服や、嘔吐物がついた服は他の洗濯物といっしょに洗ってもよい。（　　）

キーワード | 疥癬　　　　　　　　　　　　　　　　　　　　➡📖

「第26回（平成25年度）介護福祉士国家試験」問題31　　　　（解答・解説は別冊 p.26）

ノロウイルス（Norovirus）による感染症に関する次の記述のうち，適切なものを1つ選びなさい。

1　冬より夏に多い。

2　集団感染になることは少ない。

3　感染経路は，主に接触感染である。

4　消毒には，エタノール消毒液が有効である。

5　嘔吐物・便の処理には，マスクを着用する。

答え［　　　　　］

この答えを選んだ理由は？

「第27回（平成26年度）介護福祉士国家試験」問題31　　　　（解答・解説は別冊 p.26）

疥癬（scabies）とその対策に関する次の記述のうち，適切なものを1つ選びなさい。

1　マダニが皮膚に寄生することで発生する皮膚病である。

2　感染した皮膚に変化が見られない。

3　感染した利用者は他の利用者と同室でよい。

4　感染した利用者の衣類や寝具の洗濯は他の利用者のものと一緒でよい。

5　感染した利用者の入浴は順番を最後にする。

答え［　　　　　］

この答えを選んだ理由は？

介護老人福祉施設の感染対策に関する次の記述のうち，適切なものを1つ選びなさい。

1　感染対策のための委員会を開催することは任意である。

2　手洗いは，消毒液に手を浸して行う。

3　洗面所のタオルは共用にする。

4　入所者の健康状態の異常を発見したら，すぐに生活相談員に報告する。

5　おむつ交換は，使い捨て手袋を着用して行うことが基本である。

答え［　　　　　］　　　この答えを選んだ理由は？

感染対策に関する次の記述のうち，適切なものを1つ選びなさい。

1　下痢・嘔吐が続く介護福祉職は，マスクをして業務を行う。

2　汚れが目に見える場所を消毒することが，感染症予防に有効である。

3　モップを使う床掃除の場合は，乾いたモップで汚れをふき取る。

4　手袋を着用していれば，排せつ物や嘔吐物を触った後の手洗いを省略してもよい。

5　固形石鹸より液体石鹸の方が望ましい。

答え［　　　　　］　　　この答えを選んだ理由は？

ノロウイルス（Noro virus）に感染した人の嘔吐物のついた衣服の処理に関する次の記述のうち，最も適切なものを1つ選びなさい。

1　嘔吐物をふき取ったペーパータオルはごみ箱に捨てる。

2　汚染された部分にアルコールを噴霧する❶。

3　汚染された部分を強くもみ洗い❷する。

4　嘔吐物を取り除いた後，次亜塩素酸ナトリウム水溶液につける。

5　40℃の湯で洗濯する。

【確認しましょう】
下線部の言葉❶❷の意味を確認しましょう。
❶噴霧する　　　❷もみ洗い

この答えを選んだ理由は？

答え［　　　　　］

自分のことば で話してみましょう

> **1.** あなたの施設ではどのような感染症にかかる利用者が多いですか。その感染症はどのような症状が現れますか。

> **2.** ノロウイルスに感染しないように、あなたやあなたの施設ではどのようなことに気をつけていますか。せんぱいの意見を参考に、具体的に説明しましょう。

・あなたが気をつけていること

・施設で気をつけていること

せんぱいの意見

• ご飯を食べる前に手を消毒します。食事をするテーブルは、食べる前と後に拭きます。

• 食べる前に利用者の手をアルコールで消毒します。施設のキッチンは関係ない人は入れません。

クールダウン

Ⅰ. 〔　　〕の意味の言葉をa～cの中から選び、＿＿＿に入れましょう。

1. ノロウイルスに感染すると、嘔吐や下痢などの症状が＿＿＿。　〔➡出る〕

　　a. 薄める　　　　b. 引き起こす　　　c. 現れる

2. 感染者の嘔吐物を処理するときは、マスクを＿＿＿。　〔➡つける〕

　　a. 着脱する　　　b. 着用する　　　c. 着服する

3. おむつ交換をするときは、＿＿＿手袋を使う。　〔➡1回使ったら捨てる〕

　　a. 使い分け　　　b. 使い捨て　　　c. 使い回し

4. インフルエンザの症状がある人を＿＿＿。　〔➡他の人から離して、接触しないようにする〕

　　a. 処理する　　　b. まとめる　　　c. 隔離する

5. 感染者に＿＿＿、結膜炎（目の感染症）に感染した。　〔➡触る〕

　　a. 処理して　　　b. 接触して　　　c. 消毒して

Ⅱ. 正しいものに〇を書きましょう。正しくない場合は、誤っている部分に線を書きましょう。

1. 飛沫感染とは、咳やくしゃみなどから感染することである。　（　　　）

2. 空気感染とは、汚染された食べ物を食べて感染することである。　（　　　）

3. 感染対策には固形石鹸より、液体石鹸がよい。　（　　　）

4. 汚れが目に見える場所を消毒することが、感染症予防に有効である。　（　　　）

5. 嘔吐物をふき取ったペーパータオルはそのままごみ箱に捨てる。　（　　　）

それぞれの病院や介護施設では感染症の対応方法が決まっています。感染症対策の基本をしっかりと理解して、自分の職場でも実践できるように準備しましょう。

第 **4** 課　関節リウマチ

+ 学習目標 +

□ ❶「関節リウマチ」に関する言葉の意味を理解する

□ ❷「関節リウマチ（症状、治療、日常生活の注意点）」の内容と専門用語を理解する

□ ❸「関節リウマチ」に関する国家試験問題の内容を理解して答える

□ ❹ 介護職としての対応について専門用語を使いながら説明する

+ ウォーミングアップ +

1 次の「難病」に関するミニクイズに答えましょう。正しいものに〇を書きましょう。わからないときは、「難病の定義」を見てみましょう。

① 難病は、病気の原因はわかっているが、治療方法が難しい病気のことである。　（　　）

② 指定難病は、国が指定した難病で、国から医療費の助成がある。　（　　）

③ 指定難病は、日本で患者数が少ない病気である。　（　　）

2 写真のような症状を見たことがありますか。

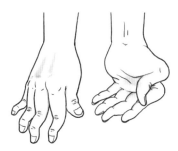

難病とは？［難病の定義］

難病

1. 発病の原因がわからない

2. はっきりした治療方法がない

3. めずらしく、数が少ない

4. 長く療養する必要がある

指定難病　国から指定を受けた難病

1. 日本で患者数が少ない病気

2. 客観的な診断の基準がある

3. 厚生労働大臣が指定する

4. 国から医療費の助成がある

難病

指定難病

　関節リウマチの主な症状

あなたの施設には関節リウマチの利用者はいますか。どのような症状がありますか。

┌───┐
│   │
│   │
│   │
│   │
└───┘

言葉を調べてみましょう

		言葉	読み方	意味
☐	1	炎症		
☐	2	破壊する		
☐	3	変形する		
☐	4	こわばり	──	
☐	5	(症状が)進行する		
☐	6	診断		
☐	7	診察		

読んでみましょう：「関節リウマチの症状と診断」

　関節リウマチとは、関節が炎症を起こして、軟骨や骨が破壊されていく病気である。そのままにしておくと、関節が変形してしまう。関節リウマチは、男性よりも女性に多いのが特徴である。

　関節リウマチの主な症状は、関節の変形、こわばり、腫れ、痛みなどである。指や足の関節の変形に加えて、熱っぽい、体がだるい、食欲がないなどの症状が出る。関節の変形や痛みは、肩、肘、足、足首など、いろいろな関節に出る。関節リウマチになっても、すぐに関節の形が曲がってしまうことはない。関節の変形はだんだん進行する。指などの小さい関節に症状が出やすいのが特徴である。また、朝にこわばりがよく見られる。

　関節リウマチの診断では、①医師の診察を受ける、②レントゲン等で関節がどのように変形しているか確認する、③血液検査で数値が高いものがないかを確認する。

キーワード　　関節リウマチ　　　　　　　　　　　　　➡📖

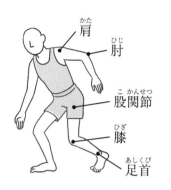
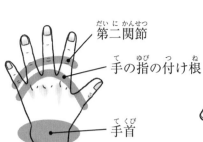
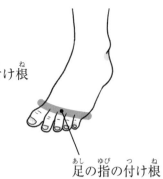

肩
肘
股関節
膝
足首
第二関節
手の指の付け根
手首
足の指の付け根

❶ ①〜③の症状を経験したことがありますか。それはどんなときでしたか。例のように話してみましょう。

| 例 | 痛み | おやしらずを抜いたとき、2週間ぐらい、歯ぐきに痛みがあった。 |

① 腫れ(腫れる) _____

② 体がだるい _____

③ 食欲がない _____

❷ 関節リウマチには、どのような症状がありますか。

関節の_____、_____、_____、_____など。

指や足の関節の変形に加えて、_____、_____、

_____などの症状が出る。

❸ 関節リウマチの診断では何をしますか。3つ書きましょう。

① _____

② _____

③ _____

Check! 正しいものに○を書きましょう。正しくない場合は、誤っている部分に線を書きましょう。

(1) 関節リウマチになる人の割合は男性が多い。　（　　　）

(2) 関節リウマチになると、手や指がすぐに変形する。　（　　　）

(3) 関節リウマチの特徴は、指などの小さい関節に症状が出やすいことである。　（　　　）

キーワード　股関節／第二関節 ➡📖

言葉を調べてみましょう

	言葉	読み方	意味
☐ 1	早期		
☐ 2	治療		
☐ 3	点滴		
☐ 4	悪化		
☐ 5	開発する		
☐ 6	金属		
☐ 7	人工		
☐ 8	手術		

読んでみましょう：「関節リウマチの治療」

　関節の変形は一度進んでしまうと元に戻らない。治療のポイントは、①早期発見、早期治療、関節の破壊を防ぐこと、進行を遅らせることである。関節リウマチの治療は、薬を飲むことが基本である。抗リウマチ薬、ステロイド等の②炎症を抑えるような薬を飲んだり、点滴をしたりする。最近は、③症状の悪化を防いだり、遅らせたりする薬も開発されている。関節リウマチがどんどん進んで関節が大きく変形してしまった場合は、金属等でできた人工の関節を入れて、曲がった関節をまっすぐにする手術を受ける方法もある。

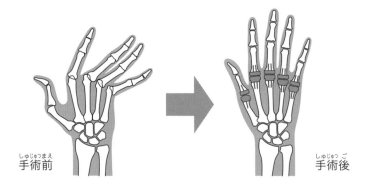

手術前　　　　　手術後

キーワード　早期治療

❶ 次の言葉を説明しましょう。

① 早期発見

② 炎症を抑える

③ 症状の悪化を遅らせたりする

❷ 関節リウマチの治療のポイントは何ですか。

- _____
- _____
- _____
- _____

❸ 次の質問に答えましょう。

① 関節リウマチの治療ではどんな薬を飲みますか。

_____

② 最近ではどんな薬が開発されていますか。

_____

③ 関節リウマチがどんどん進んで、関節が大きく変形してしまった場合は、どんな手術を受けますか。

_____

Check! 正しいものに〇を書きましょう。正しくない場合は、誤っている部分に線を書きましょう。

(1) 関節は一度変形しても、薬を飲めばだんだんと元の形に戻る。 （　　）

(2) 関節リウマチの治療は、早期発見と早期治療などが重要である。 （　　）

(3) 薬で関節リウマチの症状の悪化を防いだり遅らせたりすることができる。 （　　）

キーワード　ステロイド／人工関節　➡📖

言葉を調べてみましょう

		言葉	読み方	意味
☐	1	立ち上がる		
☐	2	手の平		
☐	3	保護		
☐	4	指先		
☐	5	装具		

読んでみましょう：「日常生活の注意点と自助具」

　日常生活で重要なのは、関節を守りながら動かすことである。例えば、椅子から立ち上がるとき、手の指を使って立つのではなく、手の平を使って立つほうがよい。

　関節を保護しながら生活するために自助具を使うことがある。自助具とは、動作や作業を助けるために工夫された道具である。指先などを使わないで、関節を守りながら日常生活を送ることができる。また、関節リウマチの治療では、装具がよく使われる。例えば、スプリントと呼ばれるプラスチック製の手の装具などがある。また、関節を保護しながら使える便座として「補高便座」がある。

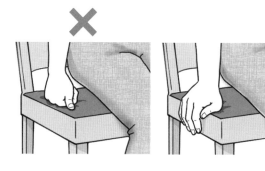

補高

補高便座

＊補高便座は、「歩行」と間違えないように、「ほだかべんざ」と言う場合もある。

キーワード | 自助具／スプリント／補高便座 →📖

❶ 次のようなとき、関節を守るためには、どちらのほうがより良いでしょうか。○をつけましょう。

① タオルをしぼるとき

A   B

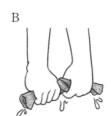

② カップを持つとき

A   B

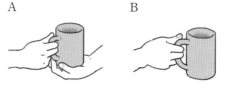

③ お鍋を持つとき

A   B

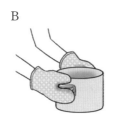

❷ 次の写真は何のための自助具でしょうか。他に知っている自助具があったら書きましょう。

① _____ ため   ② _____ ため   ③ _____ ため

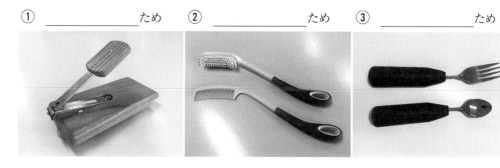

その他の自助具……[   ]

Check! 正しいものに○を書きましょう。正しくない場合は、誤っている部分に線を書きましょう。

(1) 関節リウマチの利用者は、関節を保護しながら日常生活を送ることが重要である。 （　　）

(2) カップを持つときは、指の小さな関節を使ったほうがよい。 （　　）

(3) 右のイラストは、関節を保護するために付けるスプリント

である。 （　　）

キーワード ｜ リーチャー   ➡📖

国家試験問題を解こう

「第31回（平成30年度）介護福祉士国家試験」問題95 （解答・解説は別冊 p.27）

関節リウマチ（rheumatoid arthritis）の人の日常生活上の留意点として適切なものを1つ選びなさい。

1 いすは低いものを使う。

2 膝を曲げて寝る。

3 かばんの持ち手❶を手で握る。

4 ドアの取っ手❷は丸いものを使う。

5 身体を洗うときはループ付きタオル❸を使う。

> 【確認しましょう】
> 下線部の言葉❶〜❸の意味を確認しましょう。
> ❶かばんの持ち手　　❷ドアの取っ手　　❸ループ付きタオル

答え［　　　　］　◁ この答えを選んだ理由は？

「第28回（平成27年度）介護福祉士国家試験」問題58 （解答・解説は別冊 p.27）

Cさんは，関節リウマチ（rheumatoid arthritis）が徐々に進行している。何とか自力で寝返りをすることができるが，思うように関節が動かなくなってきている。体調に変動がある❶ため1日の過ごし方も不規則で昼夜逆転の生活❷が続いている。Cさんが夜間，安眠が得られる❸ような介護福祉職の対応として，適切なものを1つ選びなさい。

1 早朝の散歩を勧める。

2 朝食は，とらないように勧める。

3 午後から，温水プールで運動をするように勧める。

4 マットレスは，柔らかいものを勧める。

5 枕は，硬く高いものを勧める。

> 【確認しましょう】
> 下線部の言葉❶〜❸の意味を確認しましょう。
> ❶体調に変動がある　　❷昼夜逆転の生活　　❸安眠が得られる

答え［　　　　］　◁ この答えを選んだ理由は？

Dさん（59歳，女性）は30年前に関節リウマチ（rheumatoid arthritis）を発症して現在，障害者支援施設に入所している。Dさんは，朝は手の動きが悪く痛みがあるが，午後，痛みが少ない時は関節を動かす運動を行っている。足の痛みで歩くのが難しく車いすを使用しているが，最近は手の痛みが強くなり，自分で操作することが難しい。また，食欲がなく，この1か月間で体重が2kg減っている。夜中に目覚めてしまうこともある。

問題 123

Dさんの朝の症状の原因として，最も可能性が高いものを1つ選びなさい。

1　睡眠不足❶
2　低栄養❷
3　平衡感覚の低下❸
4　筋力低下
5　関節の炎症

【確認しましょう】
下線部の言葉❶～❸の意味を確認しましょう。
❶睡眠不足　　❷低栄養　　❸平衡感覚の低下

答え［　　　　　］

この答えを選んだ理由は？

問題 125

Dさんは，「ここ数日，朝だけでなく1日中，何もしないのに手足の痛みが強くなってきた」と訴えている。

日常生活でDさんが当面留意すべきこととして，最も適切なものを1つ選びなさい。

1　前あきの衣服❶より，かぶりの衣服❷を選ぶ。
2　ベッドのマットレスは，柔らかいものを使用する。
3　関節を動かす運動を控える。
4　できるだけ低いいすを使う。
5　頸部が屈曲位❸になるように，高めの枕を使用する。

【確認しましょう】
下線部の言葉❶～❸の意味を確認しましょう。
❶前あきの衣服　　❷かぶりの衣服　　❸屈曲位

答え［　　　　　］

この答えを選んだ理由は？

いろいろな自助具や杖

　自助具は関節リウマチの人だけではなく、身体機能が低下したいろいろな人が使うことができます。また、関節リウマチの利用者には関節に負担をかけない杖がよいです。みなさんの施設ではどのような自助具を使っていますか。見たことがあるものがあれば ☑ をしましょう。

【いろいろな自助具】

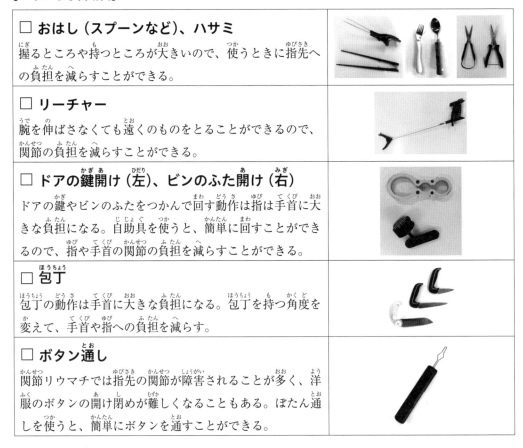

□ **おはし（スプーンなど）、ハサミ** 握るところや持つところが大きいので、使うときに指先への負担を減らすことができる。	
□ **リーチャー** 腕を伸ばさなくても遠くのものをとることができるので、関節の負担を減らすことができる。	
□ **ドアの鍵開け（左）、ビンのふた開け（右）** ドアの鍵やビンのふたをつかんで回す動作は指は手首に大きな負担になる。自助具を使うと、簡単に回すことができるので、指や手首の関節の負担を減らすことができる。	
□ **包丁** 包丁の動作は手首に大きな負担になる。包丁を持つ角度を変えて、手首や指への負担を減らす。	
□ **ボタン通し** 関節リウマチでは指先の関節が障害されることが多く、洋服のボタンの開け閉めが難しくなることもある。ぼたん通しを使うと、簡単にボタンを通すことができる。	

【いろいろな杖】

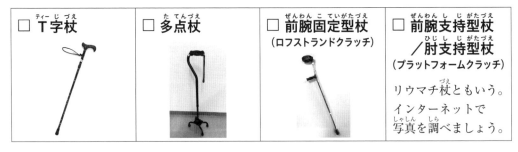

□ **T字杖**	□ **多点杖**	□ **前腕固定型杖** （ロフストランドクラッチ）	□ **前腕支持型杖／肘支持型杖** （プラットフォームクラッチ） リウマチ杖ともいう。 インターネットで写真を調べましょう。

自分のことば で話してみましょう

> **1.** あなたの施設の関節リウマチの利用者について、どのような症状が見られるか説明しましょう。その利用者を介助するときに気をつけていることを話しましょう。（いない場合は、関節リウマチの症状や対応をまとめましょう。）

> **2.** 「第28回（平成27年度）介護福祉士国家試験」問題58」(p.44) を見ましょう。あなただったら、どのように対応しますか。**せんぱいの意見を参考に考えてみましょう。**

せんぱいの意見

Cさんは、現在、昼夜逆転の生活で、夜に寝られませんので、夜寝られるように次のことをします。

① 運動していただく。例えば、体操やボールけりです。
② レクリエーションに参加していただく。例えば、カラオケやゲームです。
③ 正しい姿勢で、寝ていただく。

I. 〔 　 〕の意味の言葉をa～cの中から選び、＿＿＿＿に入れましょう。

1. 風邪をひいてしまい、昨日から体が＿＿＿＿。〔☞病気などで体に力が入らず、動きたくない〕

　　a．かるい　　　　b．だるい　　　　c．かたい

2. 炎症を＿＿＿＿ために、薬を飲む。〔☞止める／小さくする〕

　　a．抑える　　　　b．進行する　　　　c．遅らせる

3. リウマチの症状が＿＿＿＿すると、関節が変形する〔☞病気の症状が進む〕

　　a．行進　　　　b．進化　　　　c．進行

4. 薬で症状の＿＿＿＿を遅らせる〔☞病気の症状が悪くなること〕

　　a．回復　　　　b．変形　　　　c．悪化

5. 風邪をひいて＿＿＿＿がない。〔☞食べたい気持ち〕

　　a．食物　　　　b．食欲　　　　c．食感

II. 正しいものに〇を書きましょう。正しくない場合は、誤っている部分に線を書きましょう。

1. 難病とは病気の原因はわかっているが、治療方法が難しい病気のことである。（　　　）

2. リウマチになる人の割合は男性が多い。（　　　）

3. リウマチになると、手や指がだんだんと変形する。（　　　）

4. リウマチの人は、カップを持つとき、手や指の小さな関節を使ったほうがよい。（　　　）

5. リウマチの人は、高い枕を使ったほうがよい。（　　　）

リウマチ以外にも治療法が見つかっていない難病がたくさんあります。それぞれの病気の特徴をしっかり理解し、利用者に合った対応を考えてみましょう。

第 **5** 課 パーキンソン病

＋ 学習目標 ＋

- ☐ ❶「パーキンソン病」に関する言葉の意味を理解する
- ☐ ❷「パーキンソン病（症状、重症度分類、治療・リハビリ）」に関する内容と専門用語を理解する
- ☐ ❸「パーキンソン病」に関する国家試験問題の内容を理解して答える
- ☐ ❹ 介護職としての対応について専門用語を使いながら説明する

＋ ウォーミングアップ ＋

1 次の「パーキンソン病」に関するミニクイズに答えましょう。わからないときは、「パーキンソン病とは？」を見てみましょう。

① パーキンソン病は 80 歳代など高齢者になってから発症することが多い。　（　　）
② パーキンソン病が起こる割合は 1,000 人に約 1 人程度である。　（　　）
③ パーキンソン病は難病の1つだが、薬を飲めば完全に治る。　（　　）

2 下のイラストは、パーキンソン病の方です。このような前屈姿勢や歩き方を見たことがありますか。

パーキンソン病とは？

- ■ 50 〜 60 歳代で起こる
  - ※ 40 歳以下の場合→若年性パーキンソン病
- ■ 1,000 人に約 1 人程度発症
- ■ 完全な治療法がない
  - ・薬物療法
  - ・手術
  - ・リハビリテーション

49

あなたの施設ではパーキンソン病の利用者はいますか。どのような症状がありますか。

言葉を調べてみましょう

		言葉	読み方	意味
☐	1	安静		
☐	2	震える		
☐	3	固縮		
☐	4	無表情		
☐	5	筋肉		
☐	6	機能		
☐	7	調整		

読んでみましょう：「パーキンソン病の症状」

　パーキンソン病の代表的な症状は4つある。(1) 安静時振戦 (手などが震えること)、(2) 筋強剛・筋固縮 (筋肉がかたくなること)、(3) 無動 (動きが遅くなること、無表情など)、(4) 姿勢保持障害・姿勢反射障害 (姿勢の調整ができないこと)。この4つがパーキンソン病の主な症状である。身体の運動症状だけではなく、非運動症状もある。例えば、体の様々な機能の調整が難しい、①気分が落ち込む、認知症のような症状 (記憶障害、幻覚、妄想) (pp.87～100) が出る。パーキンソン病では、すぐに歩けなくなることや、すぐに身体がかたくなることはない。症状は②徐々に進んでいく。

❶ 次の言葉を説明しましょう。

① 気分が落ち込む

② 徐々に進んでいく

キーワード | パーキンソン病／振戦／筋強剛・筋固縮／無動／姿勢保持障害／姿勢反射障害

❷ パーキンソン病の症状について、イラストに合う専門用語を下のa～dから選びましょう。

（例）［ c ］　　　　　　① ［　　　］　　　　　　② ［　　　］　　　　　　③ ［　　　］
手などが震える　　　　筋肉が固くなる　　　　動きがゆっくり　　　　姿勢が調整できない
　　　　　　　　　　　　　　　　　　　　表情が少ない

【ａ．筋強剛・筋固縮　　ｂ．無動　　ｃ．安静時振戦　　ｄ．姿勢保持障害・姿勢反射障害】

❸ パーキンソン病には非運動症状があります。非運動症状では具体的にどんな症状が出ますか。

（例）① 体の様々な_____が難しい　　　② _____

　　　③ 認知症のような症状（ _____、_____、_____ ）が出る

❹ パーキンソン病の歩行障害について、説明と合うものを選んで線を引きましょう。どんな歩行か実際にやってみましょう。

（例）すり足　　　　　　　・ａ　歩くときに歩幅が狭くなります。

① すくみ足・　　　　　　・ｂ　動き始めの最初の一歩が踏み出しにくくなります。

② 加速歩行・　　　　　　・ｃ　床に足をつけて歩きます。

③ 小刻み歩行・　　　　　・ｄ　前屈姿勢で歩いて、歩行速度が速くなります。

Check! 正しいものに〇を書きましょう。正しくない場合は、誤っている部分に線を書きましょう。

(1) 振戦とは、動きが少ないことや表情が少ないことをいう。　（　　　）

(2) パーキンソン病では、記憶障害や幻覚などの症状は起こらない。　（　　　）

(3) すくみ足とは、動き始めの最初の1歩が出しにくくなる歩行である。　（　　　）

キーワード　　すり足／すくみ足／加速歩行／小刻み歩行　　　　➡📖

言葉を調べてみましょう

言葉	読み方	意味
☐ 1 表す		
☐ 2 分類		
☐ 3 片側		
☐ 4 制限		

読んでみましょう：「ホーエン・ヤールの重症度分類」

　パーキンソン病は、症状が徐々に進行する病気である。①症状の進行速度は人によって違う。症状の重さを表すものとして、「Hoehn & Yahr（ホーエン・ヤール）の重症度分類」がある。重症度はⅠ度からⅤ度に分類される。

　Ⅰ度は体の片側に手足の震えや、こわばりが出る。日常生活に介助がいらない。

　Ⅱ度は両側の手足に震えや、両側の筋肉にこわばりが出るが、日常生活で介助はいらない。

　Ⅲ度は姿勢反射障害が見られ、バランスを崩しやすくなる。小刻み歩行やすくみ足が見られる。②日常生活に制限が出てくるが、介助なしで過ごすことができる。

　Ⅳ度は立つことや、歩くことが難しくなる。通院など生活の様々な場面で介助が必要になる。

　Ⅴ度になると、車いすが必要になる。ベッドで寝ていることが多くなる。

❶ 次の言葉を説明しましょう。

① 症状の進行速度は人によって違う

② 日常生活に制限が出てくる

キーワード │ ホーエン・ヤール（Hoehn&Yahr）の重症度分類　　　➡📖

❷ ホーエン・ヤールの重症度分類Ⅰ度～Ⅴ度の症状について説明しましょう。

Ⅰ度	片側の手足に症状（手足の震え、こわばり）が出る
Ⅱ度	
Ⅲ度	
Ⅳ度	
Ⅴ度	

❸ ホーエン・ヤールの重症度分類にそって、イラストを正しい順番に並べましょう。

a.

症状は片側の手足だけに現れる。

b.

姿勢反射障害が現れる。

c.

起立や歩行が難しくなる。
日常生活に介助が必要になる。

d.

起立や歩行は何とかできる。
日常生活に部分的な介助が必要になる。

e.

症状が両側の手足に現れる。

Ⅰ度（　a　）　→　Ⅱ度（　　　）　→　Ⅲ度（　　　）　→　Ⅳ度（　　　）　→　Ⅴ度（　　　）

❹ 次の利用者は、ホーエン・ヤールの重症度分類で何度ですか。文章を読んで考えましょう。

① 佐藤さんは、車いすが必要で、ベッドで寝て一日を過ごすことが多い。　＿＿＿＿度

② 田中さんは、日常生活は自立しているが、右側の手と足にだけ震えが見られる。　＿＿＿＿度

Check! 正しいものに〇を書きましょう。正しくない場合は、誤っている部分に線を書きましょう。

(1) ホーエン・ヤールの重症度分類Ⅲ度では、姿勢反射障害が現れる。　（　　　）

(2) ホーエン・ヤールの重症度分類Ⅳ度では起立や歩行が困難になるが、介助は必要ない。

（　　　）

(3) パーキンソン病の進行速度は人によって違う。　（　　　）

キーワード　　姿勢反射障害　　　　　　　　　　　　　　➡📖

🔍 言葉を調べてみましょう

		言葉	読み方	意味
☐	1	○○療法		
☐	2	補助する		
☐	3	副作用		
☐	4	（薬が）効く	――	
☐	5	進行性		
☐	6	リハビリ		
☐	7	安定する		

📖 読んでみましょう：「パーキンソン病の治療とリハビリ」

　パーキンソン病の治療には、薬物療法、リハビリ、手術がある。

　パーキンソン病の原因は脳の神経伝達物質のドーパミンがうまく働かないことである。このため、治療ではドーパミンの働きを補助する薬を飲む。しかし、副作用が出ることもある。また、病気が進行すると薬が効いている時間が短くなる「ウェアリング・オフ現象」や、症状が突然良くなったり（オン）悪くなったり（オフ）する、「オン・オフ現象」が起こることがある。

　パーキンソン病は徐々に悪くなる進行性の病気だが、歩きにくくなることを予防するための歩行訓練や、①関節の可動域の訓練などのリハビリも大切である。そして、一緒に散歩やゲームをして精神面が安定するような対応も必要になる。パーキンソン病には様々な症状や薬の副作用がみられるので②利用者を注意深く観察することが大切である。薬物療法やリハビリで日常生活への支障を減らすようにすることが大切であるが、よくならない場合は、手術を行うこともある。

キーワード　薬物療法／ドーパミン／ウェアリング・オフ現象／オン・オフ現象　　➡️📖

❶ 次の言葉を説明しましょう。

① 関節の可動域

② 利用者を注意深く観察する

❷ パーキンソン病の治療では、どんな薬を飲みますか。

___

❸ ①〜③について、説明してみましょう。

① パーキンソン病ではどのようなリハビリが大切ですか。

② パーキンソン病では「利用者を注意深く観察する」ことが大切ですが、それはどうしてですか。

③ 薬物療法やリハビリで症状がよくならない場合は、どうしますか。

❹ 下のイラストは「歩きにくくなることを予防する」ための歩行訓練のひとつです。

小刻み歩行やすり足の症状がある方は、次のことに気をつけましょう。

●リズムをとり、「1、2、1、2」と声を出しながら歩くとよい

●歩くときは、まずかかとを地面につけて、次につま先をつけて歩く

① 絵を見て、実際にやってみましょう。

② 他に知っているリハビリ方法があれば、書きましょう。（ネットでも調べてみましょう）

Check! 正しいものに〇を書きましょう。正しくない場合は、誤っている部分に線を書きましょう。

(1) パーキンソン病の薬物療法は副作用が出ない。　（　　）

(2) パーキンソン病のリハビリで関節可動域の訓練をしたほうがいい。　（　　）

(3) 散歩やゲームなどをして、利用者を精神面でも安定させることも大切である。　（　　）

キーワード　関節(の)可動域／小刻み歩行／すり足　　➡📖

国家試験問題を解こう

「第30回（平成29年度）介護福祉士国家試験」問題75

（解答・解説は別冊 p.28）

パーキンソン病（Parkinson disease）の症状として，適切なものを1つ選びなさい。

1 後屈した姿勢❶

2 大股な歩行❷

3 血圧の上昇

4 頻回な下痢❸

5 無表情

【確認しましょう】
下線部の言葉❶〜❸の意味を確認しましょう。
❶後屈した姿勢　　❷大股な歩行　　❸頻回な下痢

この答えを選んだ理由は？

答え［　　　　　］

「第32回（令和元年度）介護福祉士国家試験」問題95

（解答・解説は別冊 p.28）

　パーキンソン病（Parkinson disease）のHさんは，最近立位時の前傾姿勢が強くなり，歩行時の方向転換が不安定になり始めた。日常生活動作には介助を必要としない。Hさんのホーエン・ヤールの重症度分類として，最も適切なものを1つ選びなさい。

1　ステージⅠ

2　ステージⅡ

3　ステージⅢ

4　ステージⅣ

5　ステージⅤ

この答えを選んだ理由は？

答え［　　　　　］

パーキンソン病（Parkinson disease）（ホーエン・ヤールの重症度分類ステージ3）の高齢者の寝室環境に関する次の記述のうち，最も適切なものを1つ選びなさい。

1　ベッドは介護者に合わせた高さにする。

2　ベッドに手すりをつける。

3　マットレスは体が沈みこむ❶ものを選ぶ。

4　ベッドサイドの床にクッション性のあるマットを敷く。

5　枕は頸部前屈になる❷ような高さにする。

> 【確認しましょう】
> 下線部の言葉❶❷の意味を確認しましょう。
> ❶体が沈み込む　　❷頸部前屈になる

答え［　　　　　］　　＜　この答えを選んだ理由は？

ホーエン・ヤールの重症度分類でステージ3にあるパーキンソン病（Parkinson disease）の人の日常生活の留意点として，最も適切なものを1つ選びなさい。

1　履物❶はサンダルを使用する。

2　誤嚥に気をつける。

3　安静にして過ごす。

4　薬を飲み忘れた場合は，次に2回服用する。

5　食物繊維❷の多い食べ物は避ける❸。

> 【確認しましょう】
> 下線部の言葉❶〜❸の意味を確認しましょう。
> ❶履物　　❷食物繊維　　❸避ける

答え［　　　　　］　　＜　この答えを選んだ理由は？

自分のことば で 話してみましょう

> **1.** あなたの施設のパーキンソン病の利用者について、どのような症状か説明しましょう。その利用者を介助するときに気をつけていることを話しましょう。
せんぱいの意見を参考に考えてみましょう。（利用者がいない場合は、パーキンソン病の症状や対応を説明しましょう。）

> **2.** 「第30回（平成29年度）介護福祉士国家試験問題　問題57」(p.57)を見ましょう。あなただったら、寝室環境をどのように整えますか。その理由も書きましょう。

せんぱいの意見

- 私の施設にパーキンソン病の人がいます。今は寝たきりです。
2時間ぐらいごとに、体位変換を行います。エアマットのベッドを使います。

- 毎日主治医からもらった薬を飲みます。
薬を飲んで効果があったら、リハビリを行います。歩行訓練などをしています。

クールダウン

Ⅰ. 〔　〕の意味の言葉を①〜③の中から選び、＿＿＿＿に入れましょう。

1. Aさんは、病気のためベッドで＿＿＿＿にして過ごしている。

〔☛ 体を動かさずに静かにしていること〕

　　a．安全　　　　b．安静　　　　c．安定

2. パーキンソン病の症状は＿＿＿＿進んでいく。〔☛ 少しずつ、ゆっくり〕

　　a．急速に　　　b．一気に　　　c．徐々に

3. パーキンソン病の利用者は、歩く速度がだんだんと＿＿＿＿することがある。

〔☛ （スピードが）はやくなること〕

　　a．加速　　　　b．急速　　　　c．救急

4. パーキンソン病の症状のひとつに、安静時＿＿＿＿がある。〔☛ 震えること〕

　　a．無動　　　　b．行動　　　　c．振戦

5. パーキンソン病の症状のひとつに、筋＿＿＿＿がある。〔☛ かたくなること〕

　　a．固縮　　　　b．柔軟　　　　c．頑固

Ⅱ. 正しいものに〇を書きましょう。正しくない場合は、誤っている部分に線を書きましょう。

1. パーキンソン病には、完全な治療法がない。　（　　）

2. パーキンソン病は80歳など多くの高齢者が発症する病気である。　（　　）

3. パーキンソン病の症状に、後屈姿勢がある。　（　　）

4. パーキンソン病の薬物治療では副作用は出ない。　（　　）

5. パーキンソン病の治療法には、薬物療法・リハビリ・手術がある。　（　　）

パーキンソン病の4大症状は覚えましたか？　パーキンソン病の分類である「Hoehn & Yahr（ホーエン・ヤール）の重症度分類」もしっかりと覚えましょう。

第 6 課　糖尿病
とうにょうびょう

+ 学習目標 +
がくしゅうもくひょう

□ ❶「糖尿病」に関する言葉の意味を理解する
　　とうにょうびょう　　　かん　　ことば　　いみ　りかい

□ ❷「糖尿病（概要、3大合併症、治療と予防）」に関する内容と専門用語を理解する
　　とうにょうびょう　がいよう　だいがっぺいしょう　ちりょう　よぼう　　かん　　ないよう　せんもんようご　りかい

□ ❸「糖尿病」に関する国家試験問題の内容を理解して答える
　　とうにょうびょう　　かん　こっかしけんもんだい　ないよう　りかい　こた

□ ❹介護職としての対応について専門用語を使いながら説明する
　　かいごしょく　　　　たいおう　　　せんもんようご　つか　　　せつめい

+ ウォーミングアップ +

1　「生活習慣病」は、生活習慣が病気の発症や進行に関係している病気をまとめた
せいかつしゅうかんびょう　せいかつしゅうかん　びょうき　はっしょう　しんこう　かんけい　　　びょうき
呼び方です。生活習慣病として、知っている病気に ☑ をしましょう。
よ　かた　　　せいかつしゅうかんびょう　　　　　し　　　　びょうき

□ 糖尿病　　　□ 高血圧　　　□ 脳卒中　　　□ がん　　　□ 動脈硬化
　とうにょうびょう　　こうけつあつ　　　のうそっちゅう　　　　　　　　　どうみゃくこうか

2　あなたの生活習慣病のリスクをチェックしましょう。当てはまるものに ☑ をしてく
せいかつしゅうかんびょう　　　　　　　　　　　　あ
ださい。

□ 40歳以上である。　　　　　　　　　　　　□ お酒をよく飲む。
　さいいじょう　　　　　　　　　　　　　　　　　さけ　の

□ 20歳時より、体重が10kg以上増えている。　□ 体を動かすのが嫌い。
　さいじ　　　たいじゅう　　いじょうふ　　　　　　からだ　うご　　　きら

□ お腹のまわりの肉が出ている。　　　　　　□ 深夜に寝ることが多く、睡眠不足である。
　なか　　　　　にく　で　　　　　　　　　　しんや　ね　　　　　おお　すいみんぶそく

□ 大食漢である。（一度にたくさん食べる）　□ 忙しくて、休みがとれない。
　たいしょくかん　　　いちど　　　　　た　　　　　いそが　　　やす

□ タバコを吸う。　　　　　　　　　　　　　□ ストレスがたまっている。
　　　　す

＊☑ が5個以上ある人は要注意！　生活習慣病に気をつけましょう。
　　こいじょう　ひと　ようちゅうい　せいかつしゅうかんびょう　き

あなたの施設（しせつ）では糖尿病（とうにょうびょう）の利用者（りようしゃ）はいますか。どのような症状（しょうじょう）がありますか。

🔍 言葉を調べてみましょう（ことば　しら）

		言葉（ことば）	読み方（よみかた）	意味（いみ）
☐	1	十分に		
☐	2	作用する		
☐	3	占める		
☐	4	遺伝		
☐	5	すい臓		
☐	6	生活習慣		
☐	7	初期症状		

📖 読んでみましょう（よ）：「2種類の糖尿病の原因と症状」（しゅるい　とうにょうびょう　げんいん　しょうじょう）

糖尿病とは？（とうにょうびょう）

・インスリンが十分に作用しない。（じゅうぶん　さよう）

血糖値の基準値（けっとうち　きじゅんち）

	正常値（せいじょうち）	糖尿病（とうにょうびょう）
空腹時の血糖値（ふうふくじ　けっとうち）	100mg/dl 未満（みまん）	126mg/dl 以上（いじょう）
食後2時間の血糖値（しょくご　じかん　けっとうち）	140mg/dl 未満（みまん）	200mg/dl 以上（いじょう）

ぶどう糖は脳のエネルギーになるものである。（とう　のう）体内のぶどう糖はインスリンの働きでエネルギーに変わる。（たいない　とう　はたら　か）ぶどう糖がエネルギーに変わると血糖値（血液中のぶどう糖の濃度）が下がる。（とう　か　けっとうち　けつえきちゅう　とう　のう　ど　さ）しかし、糖尿病の人はインスリンが十分に作用しないため、血糖値が高い状態が続く。（とうにょうびょう　ひと　じゅうぶん　さよう　けっとうち　たか　じょうたい　つづ）

　糖尿病には、1型と2型と2種類がある。（とうにょうびょう　がた　がた　しゅるい）2型糖尿病のほうが多く、患者全体の約（がたとうにょうびょう　おお　かんじゃぜんたい　やく）90%を占める。1型糖尿病の主な原因は遺伝である。（し　がたとうにょうびょう　おも　げんいん　いでん）遺伝が原因で、すい臓からのインスリンが出ない、またはインスリンの量が少ない。（いでん　げんいん　ぞう　で　りょう　すく）このために糖尿病になる。2型（とうにょうびょう　がた）

キーワード 生活習慣病／糖尿病／ぶどう糖／インスリン／血糖値（せいかつしゅうかんびょう　とうにょうびょう　とう　けっとうち） ➡📖

糖尿病の原因は生活習慣である。食べ過ぎや、運動不足、ストレス等の生活習慣が原因で、インスリンが作用しなくなる。このため糖尿病になる。糖尿病の初期症状には、口渇（喉がかわく）、多飲、多尿や頻尿、体重減少、易疲労性（疲れやすい）等がある。

❶ 糖尿病とは、どのような病気ですか。

インスリンが十分に作用しないため、＿＿＿＿＿＿＿＿＿＿＿＿＿＿が高くなっている病気。

❷ 糖尿病には1型と2型がありますが、患者数はどちらが多いですか。

＿＿＿＿＿型糖尿病患者（全体の約＿＿＿＿＿＿％）

❸ 1型糖尿病と2型糖尿病の原因は何ですか。

1型糖尿病：＿＿＿＿＿＿＿＿＿＿＿＿＿が原因

2型糖尿病：＿＿＿＿＿＿＿＿＿＿＿＿＿が原因

❹ 糖尿病の初期症状には、どのようなものがありますか。

症状	症状の説明
①	喉が渇く
②	水分を多くとる、たくさん飲む
③	1日の排尿の量が多くなる
④	1日の排尿の回数が多くなる
⑤	体重が減る
⑥	疲れやすい

Check! 正しいものに〇を書きましょう。正しくない場合は、誤っている部分に線を書きましょう。

(1) 1型糖尿病のほうが、2型糖尿病より患者数が多い。（　　　）

(2) 2型糖尿病の原因は、遺伝である。（　　　）

(3) 糖尿病の初期症状には体重が減ることがある。（　　　）

キーワード	口渇／多飲／多尿／頻尿／易疲労性	➡️ 📖

言葉を調べてみましょう
ことば しら

言葉 ことば	読み方 よ かた	意味 い み
☐ 1 合併症		
☐ 2 網膜		
☐ 3 しびれる	——	
☐ 4 発汗		
☐ 5 視力		
☐ 6 失明		
☐ 7 人工透析		

読んでみましょう：「糖尿病の3大合併症」
よ とうにょうびょう だいがっぺいしょう

　糖尿病の症状が進むと合併症が起こる。糖尿病には、3つの大きな合併症がある（3大合併症）。糖尿病性神経障害、糖尿病性網膜症、糖尿病性腎症である。

　糖尿病性神経障害は、神経の合併症である。高血糖状態が続くと、末梢神経の働きが障害される。そのため、手足が①しびれる、手足が冷たい、手足の痛みなどが見られる。また、自律神経の障害で現れる症状として、発汗の異常、便秘などがある。合併症が進むと、足等の血液の流れが悪くなって、小さな怪我が治りにくくなる。また、足にできた傷の痛みを感じにくくなり、傷が悪化して「壊疽（体の組織や細胞が死んで腐ること）」が起こって、足を切ることもある。

　糖尿病性網膜症は、目の合併症である。網膜の出血や網膜剥離で、視力が落ちたり、失明したりする。

　糖尿病性腎症は、腎臓の機能が低下する。腎臓には血液をきれいにする機能があるが、その機能が低下する。そのため、血液が汚い状態になる。手や②足がむくむ、疲れやすい、③息切れしやすい等の症状が出る。さらに症状が進むと、血液をきれいにするために人工透析が必要になる。

キーワード　高血糖状態／糖尿病性神経障害／糖尿病性網膜症／網膜剥離／糖尿病性腎症 ➡📖

❶ 次の言葉のような経験がありますか。どんなときになったか話しましょう。

例 ① しびれる　　　　　正座をしたときに、足がしびれた。

　　② 足がむくむ　　　　_____

　　③ 息切れする　　　　_____

❷ 3大合併症にはどのようなものがありますか。合併症の名前を書きましょう。

① 糖尿病性_____　（しんけい）

② 糖尿病性_____　（め）

③ 糖尿病性_____　（じんぞう）

「しめじ」で
覚えましょう！

❸ （　　　）に言葉を書いて、3大合併症についての表を完成させましょう。

糖尿病性神経障害	糖尿病性網膜症	糖尿病性腎症
・末梢神経の障害 　手足が（①　　　　） 　手足が冷たい 　手足の痛み ・自律神経の障害 　発汗の異常 　便秘　　　　など ＊症状が進むと足などを切る こともある	・網膜での出血や網膜剥離 網膜剥離 出血 網膜 ・視力が（②　　　　） ＊症状が進むと （③　　　　）の可能性 （目が見えなくなる）	・（④　　　　）の機能が 低下する 　手や足がむくむ 　疲れやすい 　息切れしやすい ＊症状が進むと （⑤　　　　　） の必要が出てくる

Check! 正しいものに〇を書きましょう。正しくない場合は、誤っている部分に線を書きましょう。

(1) 糖尿病による神経障害として手足のしびれが等が見られる。　（　　）

(2) 糖尿病が原因で失明することはない。　（　　）

(3) 糖尿病性腎症が進むと人工透析の必要が出てくる。　（　　）

キーワード　腎臓／むくみ／息切れ／透析　　　→📖

65

とうにょうびょう　ちりょう　よぼう

言葉を調べてみましょう

ことば　しら

		言葉 ことば	読み方 よ　かた	意味 い　み
☐	1	適度な		
☐	2	注射		
☐	3	患者		
☐	4	めまい	――	
☐	5	けいれん	――	

読んでみましょう：「糖尿病の治療」

よ

とうにょうびょう　ちりょう

　　糖尿病の治療には食事療法、運動療法、薬物療法の３つがある。まずは、バランスの良い食事をしっかりとることが大切である。そして、適度な運動も大事である。食事や運動に気をつけても、血糖値が高い場合は、薬で治療を行う。インスリン注射を打ったり、薬を飲んだりする。また、糖尿病の利用者への対応で気をつけることに低血糖症状がある。糖尿病の患者は基本的に血糖値が高いが、①空腹時や、いろいろな状況で血糖値が急に下がることがある。これを低血糖症状という。低血糖症状になると、めまい、②意識を失う、けいれんなどが起きることがある。また、胸がどきどきしたり、体がふわふわしたり、頭がふらふらしたりする。

　　糖尿病の利用者への対応では、低血糖症状が出ないように注意をすることが大切である。また、低血糖症状が出たときにどんな対応をするかを考えておく必要がある。

❶ 次の言葉を説明しましょう。

つぎ　ことば　せつめい

① 空腹時
くうふくじ

② 意識を失う
いしき　うしな

❷ 糖尿病の治療には、どのような方法がありますか。

_____療法

_____療法

_____療法

❸ 「低血糖症状」とは、①どのような状態ですか。②低血糖症状になると、どんな症状が起き

ますか。

低血糖症状： ①　_____が（急に）下がった状態。

②　_____、_____、_____

などが起きることがある。

❹ 低血糖症状の状態を表す言葉①〜③に合うものをa〜cから選びましょう。

① 頭がふらふらする　（　　　　）

② 胸がどきどきする　（　　　　）

③ 体がふわふわする　（　　　　）

a.　　　　　　　　　　b.　　　　　　　　　　c.

Check! 正しいものに〇を書きましょう。正しくない場合は、誤っている部分に線を書きましょう。

（1）糖尿病の治療には、運動療法や食事療法などがある。　（　　　）

（2）糖尿病の利用者に対応をする際、低血糖症状が出ないように注意をする。　（　　　）

（3）低血糖症状になると、めまいなどが起こることがある。　（　　　）

キーワード　　低血糖症状　　　　　　　　　　　　　　　　➡📖

67

「第29回（平成28年度）介護福祉士国家試験」問題76　　　　（解答・解説は別冊 p.29）

　Aさん（79歳，女性）は，介護老人福祉施設で生活している。糖尿病（diabetes mellitus）でインスリン治療が必要で，1日に一度，昼食後に自己注射をしていて，併せて毎食直前に血糖を下げる薬を内服している。医師からは血糖のコントロール状態は良好であると言われている。ある日，Aさんの医療機関の受診が長びいた。B介護福祉職がAさんに遅めの昼食をとってもらう準備をしていると，Aさんが「頭がふらふらする❶」と訴えた。冷や汗もかいている❷ようである。

　介護福祉職によるAさんへの対応として，最も適切なものを1つ選びなさい。

1　昼食をとらずに，すぐにベッドで休んでもらう。

2　昼食前の内服薬をすぐに飲んでもらう。

3　すぐに看護師に血糖値を測定してもらう。

4　すぐにインスリン（insulin）を自己注射してもらう。

5　様子を見る。

> 【確認しましょう】
> 下線部の言葉❶❷の意味を確認しましょう。
> ❶頭がふらふらする　　　❷冷や汗をかく

答え［　　　　　］ ◁ この答えを選んだ理由は？

　　Dさん（75歳，女性）は，介護老人福祉施設に入所している。糖尿病（diabetes mellitus）があり，インスリン療法を受けている。2日前から風邪をひいて，食事量が普段の半分程度に減っていたが，医師の指示どおりインスリン注射を継続して❶いた。介護福祉職が朝食をDさんに渡そうとしたところ，顔色が悪く，「胸がどきどきして，ふわふわする」と話し，額には汗が見られた❷。

【確認しましょう】
下線部の言葉❶❷の意味を確認しましょう。
❶継続する　　❷額に汗が見られる

考えられるDさんの状態として，ただちに医療職に相談しなければならないものを1つ選びなさい。

1　発熱
2　脱水
3　低血糖
4　貧血
5　意識障害

この答えを選んだ理由は？

答え［　　　　　］

自分のことば で 話してみましょう

> **1.** あなたの施設の糖尿病の利用者について、どのような症状か説明しましょう。その利用者を介助するときに気をつけていることを話しましょう。（利用者がいない場合は、糖尿病の症状や対応を説明しましょう。）

> **2.** 「第29回（平成28年度）介護福祉士国家試験」問題76（p.68）を見ましょう。あなただったら、どのような声をかけますか。それはどうしてですか。せんぱい職員の意見を参考に考えてみましょう。

せんぱいの意見

• まず、看護師に連絡します。利用者の様子を伝えて、すぐに血糖値を測定してもらうように言います。その後で、看護師さんが来るまで、利用者をベッドで寝かせます。

• 私だったら、すぐに看護師に報告します。看護師にみてもらって、指示にしたがって対応したいと思います。

クールダウン

I. 〔　〕の意味_{いみ}の言葉_{ことば}をａ～ｃの中_{なか}から選_{えら}び、_____に入_いれましょう。

1. インスリンが_____しないために、血糖値_{けっとうち}が高_{たか}くなる。　〔☞はたらくこと〕
　　ａ．動作_{どうさ}　　　　ｂ．作用_{さよう}　　　　ｃ．用意_{ようい}

2. 田中_{たなか}さんは、最近_{さいきん}_____が低下_{ていか}しているかもしれない。　〔☞ものが見_みえる力_{ちから}〕
　　ａ．視力_{しりょく}　　　　ｂ．聴力_{ちょうりょく}　　　　ｃ．視野_{しや}

3. 糖尿病_{とうにょうびょう}の初期症状_{しょきしょうじょう}には、_____がある。　〔☞のどがかわくこと〕
　　ａ．乾燥_{かんそう}　　　　ｂ．脱水_{だっすい}　　　　ｃ．口渇_{こうかつ}

4. 自律神経_{じりつしんけい}の障害_{しょうがい}で現_{あらわ}れる症状_{しょうじょう}として_____の異常_{いじょう}がある。　〔☞汗_{あせ}をかくこと〕
　　ａ．汗腺_{かんせん}　　　　ｂ．発汗_{はっかん}　　　　ｃ．多汗_{たかん}

5. 糖尿病_{とうにょうびょう}の症状_{しょうじょう}が進_{すす}むと_____することがある。　〔☞目_めが見_みえなくなること〕
　　ａ．失言_{しつげん}　　　　ｂ．網膜_{もうまく}　　　　ｃ．失明_{しつめい}

II. 正_{ただ}しいものに〇を書_かきましょう。正_{ただ}しくない場合_{ばあい}は、誤_{あやま}っている部分_{ぶぶん}に線_{せん}を書_かきましょう。

1. 1型糖尿病_{がたとうにょうびょう}より、2型糖尿病_{がたとうにょうびょう}のほうが患者数_{かんじゃすう}が多_{おお}い。　（　　　）

2. 2型糖尿病_{がたとうにょうびょう}の原因_{げんいん}は遺伝_{いでん}である。　（　　　）

3. 低血糖症状_{ていけっとうしょうじょう}になると、めまいなどが起_おこることがある。　（　　　）

4. 糖尿病_{とうにょうびょう}が原因_{げんいん}で失明_{しつめい}することはない。　（　　　）

5. 2型糖尿病_{がたとうにょうびょう}の予防_{よぼう}には運動_{うんどう}や食事_{しょくじ}など、生活習慣_{せいかつしゅうかん}の改善_{かいぜん}が大切_{たいせつ}である。　（　　　）

糖尿病_{とうにょうびょう}は、生活習慣_{せいかつしゅうかん}の病気_{びょうき}です。バランスのよい食事_{しょくじ}、適度_{てきど}な運動_{うんどう}、十分_{じゅうぶん}な睡眠_{すいみん}などに気_きをつけることで防_{ふせ}ぐことができます。利用者_{りようしゃ}の健康_{けんこう}とともに、自分_{じぶん}の健康_{けんこう}にも気_きをつけながら仕事_{しごと}をがんばりましょう！

- □ ❶「脳血管疾患」に関する言葉の意味を理解する
（のうけっかんしっかん）（かん）（ことば）（いみ）（りかい）

- □ ❷「脳血管疾患（分類、症状、治療と対応）」に関する内容と専門用語を理解する
（のうけっかんしっかん）（ぶんるい）（しょうじょう）（ちりょう）（たいおう）（かん）（ないよう）（せんもんようご）（りかい）

- □ ❸「脳血管疾患」に関する国家試験問題の内容を理解して答える
（のうけっかんしっかん）（かん）（こっかしけんもんだい）（ないよう）（りかい）（こた）

- □ ❹介護職としての対応について専門用語を使いながら説明する
（かいごしょく）（たいおう）（せんもんようご）（つか）（せつめい）

ウォーミングアップ

1 次の a 〜 e は、日本人の死亡の原因で多いものです。1位から5位に入るものを考えて、答えましょう。（参考：p.80「コラム：日本人に多い死因」）また、自分の国（地域）についても、調べてみましょう。
（つぎ）（にほんじん）（しぼう）（げんいん）（おお）（い）（い）（はい）（かんが）（こた）（さんこう）（にほんじん）（おお）（しいん）（じぶん）（くに）（ちいき）（しら）

- a. 脳血管疾患　　b. 悪性新生物（がん）　　c. 心疾患　　d. 肺炎
（のうけっかんしっかん）　　（あくせいしんせいぶつ）　　（しんしっかん）　　（はいえん）
- e. 老衰（年をとって、心身が弱くなること）
（ろうすい）（とし）（しんしん）（よわ）

	1位	2位	3位	4位	5位
日本（にほん）					
私の国（地域）（わたし）（くに）（ちいき）					

2 次の「脳血管疾患」に関するミニクイズに答えましょう。わからないときは、「脳血管疾患の分類」を見ましょう。
（つぎ）（のうけっかんしっかん）（かん）（こた）（のうけっかんしっかん）（ぶんるい）（み）

① 脳梗塞とは、脳の血管が破れる病気である。　（　　）
（のうこうそく）（のう）（けっかん）（やぶ）（びょうき）

② 脳出血とは、脳の血管がつまる病気である。　（　　）
（のうしゅっけつ）（のう）（けっかん）（びょうき）

③ くも膜下出血とは、「くも膜」の内側で血管が
（まくかしゅっけつ）（まく）（うちがわ）（けっかん）
破れる病気である。　（　　）
（やぶ）（びょうき）

脳血管疾患の分類
（のうけっかんしっかん）（ぶんるい）

①脳梗塞
（のうこうそく）
脳の血管がつまる病気
（のう）（けっかん）（びょうき）

②脳出血
（のうしゅっけつ）
脳の血管が破れる病気
（のう）（けっかん）（やぶ）（びょうき）

③くも膜下出血
（まくかしゅっけつ）
脳の表面を覆う「くも膜」という薄い膜
（のう）（ひょうめん）（おお）（まく）（うす）（まく）
の内側で血管が破れる病気
（うちがわ）（けっかん）（やぶ）（びょうき）

あなたの施設には「脳血管疾患」の利用者はいますか。どのような症状がありますか。

🔍 言葉を調べてみましょう

	言葉	読み方	意味
☐ 1	血管		
☐ 2	つまる	——	
☐ 3	出血する		
☐ 4	破れる		
☐ 5	表面		
☐ 6	膜		
☐ 7	老廃物		

● ①～④の脳の部位を右の言葉から選んで書きましょう。

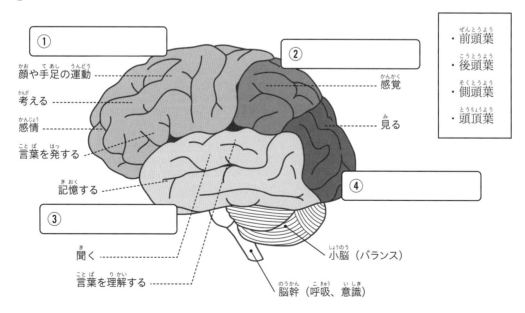

①

顔や手足の運動 - - - - -
考える - - - - -
感情 - - - - -
言葉を発する - - - - -
記憶する - - - - -

②

感覚 - - - - -
見る

④

③

聞く - - - - -
言葉を理解する - - - - -

小脳（バランス）
脳幹（呼吸、意識）

・前頭葉
・後頭葉
・側頭葉
・頭頂葉

キーワード　脳血管疾患／前頭葉／後頭葉／側頭葉／頭頂葉　➡📖

📖 **読んでみましょう：「脳血管疾患の分類」**

　脳血管疾患とは、脳の血管がつまる、出血するなど、脳血管のトラブルが原因で起こる病気のことである。脳血管疾患の代表的なものには、「脳梗塞」「脳出血」「くも膜下出血」がある。「脳梗塞」は脳の血管がつまる病気である。「脳出血」は、脳の血管が破れて出血する病気である。そして、「くも膜下出血」は脳の表面の薄い膜（くも膜）の内側で血管が破れる病気である。

　「脳梗塞」の中には、いくつか種類がある。代表的なものは、「脳血栓」と「脳塞栓」である。

　「脳血栓」は、脳の血管に老廃物やごみがたまって、脳の血管が狭くなり、最後に血管がつまるものである。「脳塞栓」は、心臓など脳以外の場所で血のかたまりができて、その血のかたまりが脳に運ばれて、脳の血管がつまるものである。

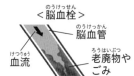
＜脳血栓＞
脳血管
血流
老廃物やごみ

＜脳塞栓＞
血のかたまり

❶ 脳の血管に老廃物やごみがたまると、どうなりますか。

❷ 文章を読んで、代表的な脳血管疾患の分類について、①～⑤に当てはまる言葉を答えましょう。

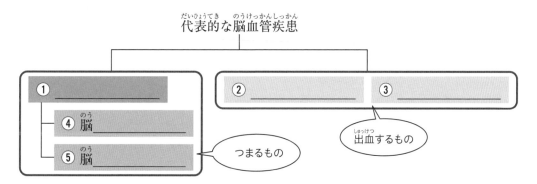

代表的な脳血管疾患

① _____
　④ 脳_____
　⑤ 脳_____
つまるもの

② _____
③ _____
出血するもの

Check! 正しいものに〇を書きましょう。正しくない場合は、誤っている部分に線を書きましょう。

（1）脳の血管がつまる病気をくも膜下出血という。　（　　）

（2）脳出血には、脳血栓と脳塞栓の2つのタイプがある。　（　　）

（3）脳の血管が狭くなり、最後につまってしまった状態を脳塞栓という。　（　　）

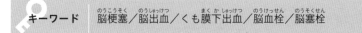
キーワード　脳梗塞／脳出血／くも膜下出血／脳血栓／脳塞栓

言葉（ことば）を調（しら）べてみましょう

言葉（ことば）	読み方（よみかた）	意味（いみ）
☐ 1 特徴的		
☐ 2 激しい		
☐ 3 （脳が）障害される		
☐ 4 知覚		
☐ 5 意識		
☐ 6 特性		
☐ 7 集中		
☐ 8 認識		

読（よ）んでみましょう：「脳血管疾患（のうけっかんしっかん）の症状（しょうじょう）」

　脳血管疾患（のうけっかんしっかん）には、いくつか特徴的（とくちょうてき）な初期症状（しょきしょうじょう）がある。例（たと）えば、手足（てあし）がしびれる、脱力感（だつりょくかん）、ろれつが回（まわ）らない、言葉（ことば）が出（で）ない・理解（りかい）できない等（とう）である。他（ほか）にも、立（た）てない、歩（ある）けない、片方（かたほう）の目（め）が見（み）えない、物（もの）が2つに見（み）える、激（はげ）しい頭痛（ずつう）などがある。このような症状（しょうじょう）が出（で）たときは、できるだけ早（はや）く医者（いしゃ）の診察（しんさつ）を受（う）けることが必要（ひつよう）である。

　脳（のう）には、顔（かお）や手足（てあし）の運動（うんどう）、言葉（ことば）を発（はっ）する、見（み）る・聞（き）くなど、さまざまな機能（きのう）がある。p.74の図（ず）のように、脳（のう）のどの場所（ばしょ）にどの機能（きのう）があるかが決（き）まっている。したがって、脳血管疾患（のうけっかんしっかん）は、脳（のう）が障害（しょうがい）される場所（ばしょ）によって、どのような障害（しょうがい）や症状（しょうじょう）が出（で）るかが変（か）わる。脳血管疾患（のうけっかんしっかん）では、主（おも）に、運動障害（うんどうしょうがい）や日常生活（にちじょうせいかつ）の能力（のうりょく）の低下（ていか）、知覚障害（ちかくしょうがい）、言語障害（げんごしょうがい）などが出（で）る。また、高次脳機能障害（こうじのうきのうしょうがい）、意識障害（いしきしょうがい）、嚥下障害（えんげしょうがい）、視覚障害（しかくしょうがい）なども出（で）る。利用者（りようしゃ）に対応（たいおう）するときは、それぞれの障害（しょうがい）の特性（とくせい）を理解（りかい）することが大切（たいせつ）である。

　また、脳血管疾患（のうけっかんしっかん）などで起（お）こる高次脳機能障害（こうじのうきのうしょうがい）には、食事（しょくじ）のときに左側（ひだりがわ）の料理（りょうり）だけ残（のこ）すなどの半側空間無視（はんそくくうかんむし）や服（ふく）の着方（きかた）や道具（どうぐ）の使（つか）い方（かた）がわからなくなる失行（しっこう）、ATMが操作（そうさ）できないなどの遂行機能障害（すいこうきのうしょうがい）などがある。

キーワード 運動障害（うんどうしょうがい）／知覚障害（ちかくしょうがい）／言語障害（げんごしょうがい）／高次脳機能障害（こうじのうきのうしょうがい）／意識障害（いしきしょうがい）

❶ 脳血管疾患の初期症状には、どのようなものがありますか。説明しましょう。

❷ 「ろれつが回らない」とは、どのような状態ですか。「ろれつが回らない」という経験があったら、話してみましょう。

❸ 下の表は「高次脳機能障害」に関する説明です。

(1) ⑨のように、①～⑧に当てはまる障害や症状を a ～ h から選びましょう。

【a．失語　　　b．記憶障害　　　c．行動と情緒の障害　　　d．注意障害

　e．見当識障害　　　f．遂行機能障害　　　g．失行　　　h．失認】

① （　　）	1つのことに集中できない。いろいろなことに注意が向く。
② （　　）	現在の日時や場所、周りにいる人が誰かわからなくなる。
③ （　　）	新しいことが覚えられない。過去のできごとが思い出せない。
④ （　　）	少しのことで、感情的に怒ったり、不安になったりする。
⑤ （　　）	自分で計画を立てて、順番に作業をすることができない。
⑥ （　　）	歯磨きや着替えなど、それまでできていた動作ができなくなる状態。
⑦ （　　）	言葉を理解することが難しい。理解できても表現することが難しい。
⑧ （　　）	見えているものや聞こえているものが、何かを認識できない。
⑨ 左半側空間無視	主に脳の右半球の障害で、片側の空間が認識できなくなる。

(2) あなたの施設に①～⑨のような障害や症状がある利用者はいますか。話してみましょう。

(3) 次の利用者は、どのような症状の可能性がありますか。表の①～⑨から選びましょう。

　（ア）山田さんは食事のとき、左側にあるおかずをいつも残している。　（　　　　）

　（イ）林さんは、ときどき、ズボンのはき方がわからなくなる。　（　　　　）

Check! 正しいものに○を書きましょう。正しくない場合は、誤っている部分に線を書きましょう。

(1) 脳血管疾患の末期症状に、ろれつが回らない等の症状が見られる。　（　　　　）

(2) 脳血管疾患による障害は、脳が障害される場所によって現れる障害や症状が違う。　（　　　　）

(3) 遂行機能障害は、自分で計画を立てて作業ができない等の症状が見られる。　（　　　　）

キーワード	遂行機能障害／失行／失語／失認／半側無視	➡📖

言葉を調べてみましょう

言葉	読み方	意味
□ 1　麻痺		
□ 2　重要視する		
□ 3　～へ向けた		

読んでみましょう 1：「脳血管疾患の治療と対応」

　脳血管疾患では、早期発見、早期治療、早期リハビリテーションが重要である。初期症状が出たら、できるだけ早く医師の診察を受けることが大切である。すぐに治療を始めると、麻痺や障害が軽くなることにつながる。時間が経つと、点滴があまり効かなくなることもある。最近では、早い時期からリハビリテーションを始めることも重要視されている。理学療法士（PT）や作業療法士（OT）、言語聴覚士（ST）など、リハビリの専門職が行うリハビリだけでなく、ケアワーカー（介護福祉士など）が、脳血管疾患の利用者の自立へ向けた日常生活の支援をすることも非常に大切である。

❶ 次の文章はどの専門職の説明ですか。a ～ e から選びましょう。

① 身体に障害のある人に対して、基本動作能力（歩く、立つ、座るなど）の維持や改善、障害の悪化を防ぐための機能訓練を行う。　（　　　　）

② 身体や精神に障害のある人に対して、手芸やレクリエーションなどの作業活動を通じた訓練、食事や着替えなどの日常生活動作の練習を行う。　（　　　　）

③ 言語障害のある人に対して、治療の計画を立てたり、治療を実施したりする。　（　　　　）

【a．作業療法士　　b．看護師　　c．言語聴覚士　　d．介護福祉士　　e．理学療法士】

❷ 脳血管疾患への対応では、何が重要ですか。

① 早期＿＿＿＿＿＿　　② 早期＿＿＿＿＿＿　　③ 早期＿＿＿＿＿＿

キーワード　理学療法士／作業療法士／言語聴覚士／介護福祉士／看護師　　➡️ 📖

📖 **読んでみましょう2：「『失語症』の種類とコミュニケーション方法」**

　　高次脳機能障害の症状に「失語症」がある。失語症は、運動性失語（ブローカ失語）と感覚性失語（ウェルニッケ失語）がある。運動性失語（ブローカ失語）は、他人が話したことを理解できるが、自分が話そうとすると言葉にならない。そのため、「はい」「いいえ」で答えられる「閉じられた質問」をするとよい。感覚性失語（ウェルニッケ失語）は、他人が話したことを理解することが難しい。そのため、身振り（ジェスチャー）等を活用してコミュニケーションを図るとよい。

❶ **次の文に当てはまる失語症の種類を書きましょう。**

① 他人の話を聞いて理解できるが、話すのが難しい。　　　　　　　　　　　＿＿＿＿＿＿性失語

② 他人の話を聞いて理解するのが難しい。身振りを使ってコミュケーションを図るとよい。

　　　　　　　　　　　　　　　　　　　　　　　　　　　　　　　　　　　＿＿＿＿＿＿性失語

❷ **「閉じられた質問」とは、どのような質問でしょうか。質問の例も考えて書きましょう。**

　　閉じられた質問とは、＿＿＿＿＿＿＿＿＿＿＿＿＿＿＿＿＿＿＿＿＿＿＿＿＿＿＿＿＿＿＿。

　　質問の例：＿＿＿＿＿＿＿＿＿＿＿＿＿＿＿＿＿＿＿＿＿＿＿＿＿＿＿＿＿＿＿＿＿＿＿＿

Check! **正しいものに○を書きましょう。正しくない場合は、誤っている部分に線を書きましょう。**

（1）早期治療は、脳血管疾患による麻痺や障害を軽くすることにつながる。　（　　　）

（2）最近は、できるだけ遅くリハビリテーションを始めることも大切にされている。　（　　　）

（3）運動性失語の利用者と話すとき、身振りを使うとよい。　（　　　）

日本人に多い死因

　国家試験では、ときどき、日本人の主な死亡の原因（死因）に関する問題が出ます。図のように、初めは、死因の1位は「結核」でしたが、1950年（昭和25年）頃から1980年（昭和55年）頃までは、「脳血管疾患」が1位となりました。そして、2018年（平成30年）は、1位が「悪性新生物」となって、2位「心疾患」、3位「老衰（年をとって、心身が弱くなること）」、4位「脳血管疾患」と続いています。このように、医療の進歩などによって、日本人に多い死因は変化しています。毎年、厚生労働省が死因別の死亡率を発表しているので確認しましょう。

図　主な死因別にみた死亡率（人口10万対）の年次推移

出典：厚生労働省「平成30年（2018）　人口動態統計月報年計（概数）の概況」p.11　図6
https://www.mhlw.go.jp/toukei/saikin/hw/jinkou/geppo/nengai18/dl/gaikyou30.pdf

「第27回介護福祉士国家試験問題　問題75」を解いてみましょう。

高齢者の肺炎（pneumonia）に関する次の記述のうち、最も適切なものを1つ選びなさい。

1　日本の高齢者（65歳以上）の死因順位（2011年（平成23年））で第一位である。

2　インフルエンザ（influenza）に合併することはまれである。

3　初発症状は高熱である。

4　呼吸数は減少する。

5　誤嚥性肺炎（aspiration pneumonia）の予防には口腔ケアが有効である。

答え［　　　　　］

国家試験問題を解こう

「第30回（平成29年度）介護福祉士国家試験」総合問題1　問題114　（解答・解説は別冊 p.29）

　Ｂさん（72歳，女性）は1か月前に脳出血（cerebral hemorrhage）で倒れて，不全麻痺は残ったが，自力でベッドから車いすに移乗できるまでに回復した。食事や排泄はベッドから離れて行えるようになり，在宅で生活することになった。Ｂさんは長女と同居しているが，長女は働いていて日中不在❶なので，介護保険の訪問介護（ホームヘルプサービス）を利用することになった。Ｂさんは，日中はベッド上での生活が主体である❷。車いすの左側のブレーキをかけ忘れることや，左側の物に気づかずに衝突してしまうことがある。また，食事の時にお膳の左側の食べ残しが目立ち，屋内の生活にも何らかの介助が必要である。Ｂさんの症状として，正しいものを1つ選びなさい。

1　全般性注意障害

2　失行

3　見当識障害

4　実行機能障害

5　左半側空間無視

【確認しましょう】
下線部❶❷の意味を確認しましょう。
❶日中不在　　　❷日中はベッド上での生活が主体である

この答えを選んだ理由は？

答え［　　　　　］

　Kさん（75歳，女性）は，脳梗塞（cerebral infarction）を発症して，1か月間入院した後，介護老人保健施設に入所した。Kさんは重度の運動性失語症（motor aphasia）のため，自分から話すことはなかった。入所して2か月ほど過ぎた頃，Kさんは，少しずつ言葉が話せるようになった。ある日の午後2時頃，介護福祉職に向かって，「お茶，いや，違う，お，お，違う，ええと」と話し始めたが，伝えたい言葉が見つからないようで，もどかしそうであった。この時のKさんへの介護福祉職の言葉かけとして，最も適切なものを1つ選びなさい。

1　「何を言いたいのでしょうか」

2　「もう1回繰り返してください」

3　「おやつの時間まで待ってください」

4　「何か飲みたいのですね。お水ですか？」

5　「言葉が出てきてよかったですね」

【確認しましょう】

1．下線部の言葉「もどかしい」の意味を確認しましょう。

2．あなたは、どんなとき「もどかしい」気持ちになりますか。

例：言いたいことが日本語で言えないとき、もどかしい気持ちになる。

この答えを選んだ理由は？

答え［　　　　　］

Jさん（56歳，男性）は，脳梗塞（cerebral infarction）の後遺症で，左片麻痺と高次脳機能障害（higher brain dysfunction）があるために，障害者支援施設に入所して，車いすでの生活をしている。Jさんは，現在の施設に作業活動がないことを不満に思っていて，たびたび，妻に「職業訓練や収入を得ることが目的ではなく，のんびりと楽しみながら作業がしたい」と話している。妻はどうしたらよいのか分からず介護福祉職に相談した。介護福祉職は，Jさんが利用できる<u>プログラムについて検討した</u>❶。その結果，Jさんに合った<u>創作的活動</u>❷を取り入れたプログラムを実施することになった。

> 【確認しましょう】
> 下線部の言葉❶❷の意味を確認しましょう。
> ❶プログラムについて検討した　　❷創作的活動

Jさんは昼食の時に上着を汚したので，居室で着替えようとしていた。<u>Jさんは，上着を手にしたまま，どうすればよいのか分からなくなった。</u>このときのJさんへの介護福祉職の対応として，最も適切なものを1つ選びなさい。

1　着替えていないことを注意する。

2　着替えるまで待つ。

3　着替えができない理由を聞く。

4　着替えの動作のきっかけをつくる。

5　着替えの手順を細かく指示する。

> 【確認しましょう】
> 下線部は、高次脳機能障害の症状の何と考えられますか。
> （p.77 の障害や症状の表をもう一度確認しましょう。）

答え ［　　　　　］　　＜この答えを選んだ理由は？

Hさん（75 歳，男性）は，脳梗塞（cerebral infarction）を発症して入院し，後遺症として左片麻痺が残った❶。退院後，介護老人保健施設に入所し，在宅復帰❷を目指してリハビリテーションに取り組んでいる。ある日，HさんはJ介護福祉職に「リハビリを頑張っているけれど，なかなかうまくいかない。このままで自宅に戻れるようになるのか…」と暗い表情で話しかけてきた。

> 【確認しましょう】
> 下線部の言葉❶❷の意味を確認しましょう。
> ❶後遺症として左片麻痺が残った　❷在宅復帰

このときのHさんに対するJ介護福祉職の共感的な応答として，最も適切なものを1つ選びなさい。

1 「不安な気持ちに負けてはいけません」

2 「きっと自宅に戻れますよ」

3 「Hさんが不安に思う必要はありません」

4 「不安に思っているHさんがかわいそうです」

5 「リハビリがうまくいかなくて不安なのですね」

この答えを選んだ理由は？

答え［　　　　　］

自分のことば で 話してみましょう

> **1.** あなたの施設の脳血管疾患の利用者の症状について、どのような症状があるか説明し、その利用者を介助するときに気をつけていることについて話しましょう。（利用者がいない場合は、脳血管疾患の症状を説明しましょう。）

> **2.** 「第31回（平成30年度）介護福祉士国家試験」問題29（p.84）を見ましょう。

あなただったら、どのように声をかけますか。それはどうしてですか。

せんぱいの意見を参考に考えてみましょう。

せんぱいの意見

• 「リハビリがうまくいかなくて不安なんですね。うまくいかないところは一緒にやりましょう」と共感しながら声かけをします。

• 「リハビリを頑張っていると思いますから、うまくいくと自宅に帰れますよ」と声かけをします。

Ⅰ. 〔　　〕の意味の言葉を a ～ c の中から選び、＿＿＿＿に入れましょう。

1. 脳血管疾患の初期症状として、ろれつが＿＿＿＿などがある。　〔☜ 舌がうまく動かない〕

    a．見えない　　　　b．回らない　　　　c．動かない

2. 血管に＿＿＿＿がたまる。　〔☜ 体の中の不要なもの、古くなったもの〕

    a．廃棄物　　　　b．血液　　　　c．老廃物

3. 脳血管疾患の初期症状として、＿＿＿＿頭痛が起こる。　〔☜ ひどい〕

    a．大きい　　　　b．穏やかな　　　　c．激しい

4. どのような症状が出るかは、脳が＿＿＿＿場所によって変わる。　〔☜ 傷つく〕

    a．作業される　　　　b．障害される　　　　c．認識される

5. 利用者の自立＿＿＿＿日常生活の支援をする。　〔☜ ～のための〕

    a．の向き　　　　b．に向く　　　　c．へ向けた

Ⅱ. 正しいものに〇を書きましょう。正しくない場合は、誤っている部分に線を書きましょう。

1. 脳の血管がつまる病気をくも膜下出血という。　（　　　）

2. 脳出血には、脳血栓と脳塞栓の２つのタイプがある。　（　　　）

3. 半側空間無視の利用者は、左側にある食べ物だけを残すことがある。　（　　　）

4. 注意障害では、１つのことに集中できないなどの症状がある。　（　　　）

5. 運動性失語の利用者と話すとき、身振りを使うとよい。　（　　　）

脳血管障害は脳の障害部位によりさまざまな障害や症状が出てきます。医師や看護師といった医療職からの情報を確認し、それぞれの利用者への対応を考えてみましょう。

＋学習目標＋

□ ❶「認知症の症状」に関する言葉の意味を理解する
□ ❷「認知症の症状」に関する内容と専門用語を理解する
□ ❸「認知症」に関する国家試験問題の内容を理解して答える
□ ❹介護職としての対応について専門用語を使いながら説明する

＋ウォーミングアップ＋

1 次の「認知症」に関するミニクイズを答えましょう。わからないときは、
「認知症とは？」を見てみましょう。

① 認知症は、主に成人期以降に発症する認知機能障害のことである。　（　　）
② 認知症の症状は、中核症状と周辺症状に分けられる。　（　　）

2 下のイラストは、認知症の症状です。このような症状を見たことがありますか。

介護職員が話している
言葉を理解できない

時間や自分がいる場所
がわからない

「認知症」とは？

1）成人期以降（65歳以上）に
　起こる認知機能障害
2）脳の器質的な変化が原因
3）中核症状と周辺症状がある

あなたの施設には認知症の利用者はいますか。どのような症状がありますか。

🔍 言葉を調べてみましょう

		言葉	読み方	意味
☐	1	器質的		
☐	2	中核（症状）		
☐	3	周辺（症状）		
☐	4	実行		
☐	5	帰宅		
☐	6	攻撃		

📖 読んでみましょう：「認知症の症状」

　認知症は、脳の器質的な変化が原因で起こる。認知症はさまざまな症状があるが、「中核症状」と「周辺症状」の2つに分けることができる。「中核症状」とは、脳の細胞が壊れることで起こる症状である。「周辺症状」は、中核症状が原因で起こる。中核症状はほとんどの認知症の人に出る症状だが、周辺症状は出る人もいれば出ない人もいる。

　中核症状には、記憶障害、見当識障害、実行機能障害、理解力・判断力の低下、その他にも、失語・失認・失行などがある。周辺症状は、「心理症状」と「行動症状」に分けることができる。心理症状は、妄想、幻覚、不安、抑うつ、睡眠障害、感情失禁、といった心理に関する症状である。行動症状には、徘徊、帰宅願望、失禁、異食、攻撃的言動、収集癖などがある。周辺症状は、「BPSD：Behavioral and Psychological Symptoms of Dementia」とも言われる。

キーワード ｜ 認知症／中核症状／周辺症状／心理症状／行動症状／BPSD　　　➡📖

● a〜sの認知症の症状を、例のように「中核症状」「周辺症状（行動症状・心理症状）」に分けましょう。知っている症状は、☑ をしましょう。知らない症状は、Topic2、Topic3で確認しましょう。

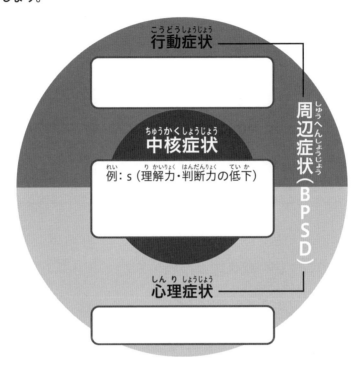

行動症状

周辺症状（BPSD）

中核症状

例：s（理解力・判断力の低下）

心理症状

□a. 攻撃的言動　　□b. 異食　　□c. 記憶障害　　□d. 失行　　□e. 妄想

□f. 幻覚　　□g. 不安　　□h. 睡眠障害　　□i. 実行機能障害

□j. 感情失禁　　□k. 徘徊　　□l. 帰宅願望　　□m. 失禁　　□n. 抑うつ

□o. 収集癖　　□p. 失語　　□q. 失認　　□r. 見当識障害

□s. 理解力・判断力の低下

Check! 正しいものに○を書きましょう。正しくない場合は、誤っている部分に線を書きましょう。

(1) 「周辺症状」とは、脳の細胞が壊れることで起こる症状である。　（　　）

(2) 周辺症状は、「心理症状」と「行動症状」に分けることができる。　（　　）

(3) 見当識障害は、認知症の中核症状である。　（　　）

キーワード　失禁／攻撃的言動／帰宅願望／徘徊／収集癖　　➡📖

言葉を調べてみましょう

	言葉	読み方	意味
□ 1	出来事		
□ 2	体験する		
□ 3	自体		
□ 4	年月		
□ 5	献立		
□ 6	器官		

読んでみましょう：「中核症状」

　中核症状の「記憶障害」とは、①昔の出来事よりも最近の出来事を忘れてしまうという特徴がある。また、体験したことや出来事の全体を忘れることも特徴である。例えば、ご飯を食べたのに「私はご飯をまだ食べていない」と言うなど、②食べたこと自体忘れてしまう。つまり、食べたことに関すること全体を忘れてしまう。

　「見当識障害」は、現在の年月や時間、自分のいる場所、知っている人が誰だか分からなくなってしまう。例えば、介護者の夫に「夫が帰ってきたので今日はもうお帰りください」と言う。

　「実行機能の障害」は、計画を立てられない、また、計画を立てても計画を実行して目的を達成することができないことである。例えば、食事の献立は決められるが、献立に必要なものが何かわからなくなる。

　「理解力・判断力の低下」は、考えるスピードが遅くなったり、情報を一度に処理できる量が減ってしまったりする。その他、「失語」「失認」「失行」も認知症の中核症状である。失行とは、手や足など運動を行う体の器官には異常がないが、歯磨きなど、それまでできていたことができなくなる状態。

キーワード	記憶障害／見当識障害／実行機能障害／理解力・判断力の低下

❶ 次の言葉を説明しましょう。

① 昔の出来事よりも最近の出来事を忘れてしまう

② 食べたこと自体忘れてしまう

❷ 下の表は「中核症状」に関する説明です。

(1) 表の①〜④に当てはまる症状を選びましょう。

　　【a．記憶障害　　b．見当識障害　　c．実行機能障害　　d．理解力・判断力の低下】

①（　）	考えるスピードが遅くなる。　一度に処理できる情報量が減る。
②（　）	現在の年月や時間、場所、人などがわからなくなる。
③（　）	計画を立てられない、また、計画を立てても計画を実行して目的を達成することができない。
④（　）	過去の出来事よりも最近の出来事を忘れる。通常の物忘れは、「体験の一部」を忘れるが、認知症では「体験したこと」や「出来事の全体」を忘れる。
その他	失語、失認、失行などの脳の機能の障害による症状

(2) あなたの施設に表のような利用者はいますか。話してみましょう。

(3) 次の介護施設の認知症の利用者は、どのような症状の可能性がありますか。表の①〜④から選びましょう。

　　（ア）佐藤さんは、散歩から帰ってきてから、「これから散歩に行きましょう」と言った。

　　　　　　　　　　　　　　　　　　　　　　　　　　　　　　　　　　　（　　　）

　　（イ）林さんは、ショートステイの2日目に「すみません、ここはどこですか」と聞いてきた。

　　　　　　　　　　　　　　　　　　　　　　　　　　　　　　　　　　　（　　　）

Check! 正しいものに○を書きましょう。正しくない場合は、誤っている部分に線を書きましょう。

(1) 「記憶障害」とは、出来事の全体を忘れてしまうという特徴がある。　（　　　）

(2) 「見当識障害」とは、今、自分がどこにいるか、わからなくなる症状である。　（　　　）

(3) 「実行機能障害」とは、考えるスピードが遅くなってしまう症状である。　（　　　）

キーワード｜失行／失語／失認　　　　　　　　　　　　　➡📖

Topic 3 | 周辺症状

🔍 言葉を調べてみましょう

	言葉	読み方	意味
☐ 1	根拠		
☐ 2	訴える		
☐ 3	被害		
☐ 4	混乱		
☐ 5	焦り		
☐ 6	逆転		
☐ 7	些細な		

📖 読んでみましょう：「周辺症状」

　　周辺症状の「心理症状」は、主に6つある。「妄想」は、誤った考えを根拠もないのに信じている状態のこと。認知症の場合、大事なものを盗られてしまったと訴える「ものの盗られ妄想」の症状がよく見られる。認知症の初期に起きやすい被害妄想のひとつである。「幻覚」は、現実にないものを見たり聞いたりすること。現実に聞こえるはずがないものが聞こえることを「幻聴」、見えるはずがないものが見えることを「幻視」と呼び、これらをまとめて「幻覚」と呼ぶ。「不安」は、認知症によって、混乱や焦りが出ること。「抑うつ」は、気分が落ち込む、①物事への興味や関心が低下することである。抑うつがひどくなると、②引きこもりがちになることがある。「睡眠障害」は、寝ることの障害で、例えば、「昼夜逆転」や朝早く起きてしまうこと、夜中に起きて徘徊してしまうなどがある。「感情失禁」は、③感情を抑えることができないことで、些細なことで大喜びしたり、怒ったりする。周辺症状は、「心理症状」の他、徘徊や帰宅願望など、実際に行動として出る症状「行動症状」もある。

キーワード 妄想／被害妄想／幻覚／幻聴／幻視 ➡ 📖

❶ 次の言葉を説明しましょう。

① 物事への興味や関心が低下する

② 引きこもりがちになる

③ 感情を抑えることができない

❷ 下の表は「周辺症状」の (1)「心理症状」と (2)「行動症状」に関する説明です。

(1)「心理症状」の表の①～⑥に当てはまる症状を選びましょう。

【a．妄想　　b．幻覚　　c．不安　　d．抑うつ　　e．睡眠障害　　f．感情失禁】

①（　　）	朝早く起きる、昼夜逆転など、寝ることの障害
②（　　）	現実にはないことを見たり聞いたりする。 　　幻聴……聞こえるはずのない声が聞こえる。 　　幻視……見えるはずのないものが見える。
③（　　）	些細なことで、大喜びしたり激怒するなど、感情を抑えることができない。
④（　　）	気分が落ち込む、物事への興味や関心の低下
⑤（　　）	誤った考えを、根拠もないのに信じている状態
⑥（　　）	認知症による混乱や焦りによる不安

(2)「行動症状」の表の①～⑥に当てはまる症状を選びましょう。

【a．異食　　b．失禁　　c．攻撃的言動　　d．帰宅願望　　e．徘徊　　f．収集癖】

①（　　）	トイレの場所がわからなくなるなど、尿や便を漏らしてしまう。
②（　　）	おしぼりなど、食べられないものを食べようとする。
③（　　）	些細なことで怒ったり、叫んだりする。
④（　　）	オムツなど、他人にとっては価値のないものを集めてしまう。
⑤（　　）	もう家に帰りたいと訴えること。
⑥（　　）	何かの目的があって歩き始めて迷ってしまう。

(3) あなたの施設に、表のような利用者はいますか。話してみましょう。

キーワード　｜不安／抑うつ／睡眠障害／感情失禁／異食

❸ 次の問題は先輩が考えた認知症の症状クイズです。症状の名前を答えてみましょう。自分の
クイズも作ってみましょう。

先輩が考えたクイズ

① エプロンをにぎって、食べてしまう。　＿＿＿＿＿＿

② 実際は違うが、あるスタッフが自分のことを好きだと思っている。　＿＿＿＿＿＿

③ 「ふとんにたくさん虫がいる」など、実際にはないものが見えている。　＿＿＿＿＿＿

④ 計算が難しくなる。信号が青になっても渡ろうとしない。　＿＿＿＿＿＿

⑤ オムツやパットを集めてしまう。　＿＿＿＿＿＿

あなたが考えたクイズ

問題	
答え	解説

Check! 正しいものに○を書きましょう。正しくない場合は、誤っている部分に線を書きましょう。

(1) 「睡眠障害」は、認知症の中核症状のひとつで、昼夜逆転などの症状が見られる。　（　　　）

(2) 木が人に見えることを「幻視」という。　（　　　）

キーワード　異食／妄想／幻覚（幻視）／理解力・判断力の低下／収集癖　➡📖

長谷川式認知症スケール

「長谷川式認知症スケール」とは、認知症（dementia）の診断に使われる検査のこと。記憶、見当識、計算などに関する9つの質問に答えて、30点満点中20点以下だと、認知症の可能性がある。

質問の例

❶ お歳はいくつですか？

❷ 今日は何月何日、何曜日ですか？

❸ 今、私たちがいる場所はどこですか？

❹ これから言う3つの言葉を覚えてください。
あとからまた聞きます。
「桜・猫・電車」または「梅・犬・自動車」

❺ 100引く7はいくつですか？

❻ 次の数字を逆から言ってください。2、8、6。

❼ 先ほど覚えてもらった3つの言葉は何でしたか？

❽ これから5つの品物をお見せします。
それを隠しますから、何があったかを言ってください。

❾ 知っている野菜の名前をできるだけ多く言ってください。

「第24回介護福祉士国家試験問題　問題14」を解いてみましょう。

長谷川式認知症スケールに関する次の記述のうち，適切なものを1つ選びなさい。

1　知能指数（IQ）で評価する。

2　心理症状，行動障害に関する質問から成る。

3　うつ状態の有無を知ることができる。

4　記憶，見当識，計算などに関する質問から成る。

5　点数（得点）が高いほど重症である。

答え［　　　　　］

キーワード　認知症の診断／長谷川式認知症スケール　➡📖

（解答・解説は別冊 p.30）

「第32回（令和2年度）介護福祉士国家試験」問題78

認知症の行動・心理症状（BPSD）に関する次の記述のうち，正しいものを1つ選びなさい。

1 トイレの水を流すことができない。

2 物事の計画を立てることができない。

3 言葉を発することができない。

4 親しい人がわからない。

5 昼夜逆転が生じる。

【確認しましょう】
1〜5について、それぞれの症状名を答えましょう。

この答えを選んだ理由は？

答え［　　　　　］

（解答・解説は別冊 p.30）

　Mさん（80歳，男性）は，2年前にアルツハイマー型認知症と診断された。Mさんは自宅で暮らし続けることを希望して，介護保険サービスを利用しながら妻と二人で生活していた。その後，Mさんの症状が進行して妻の介護負担が大きくなったため，Mさんは，U社会福祉法人が運営する介護老人福祉施設に入所することになった。Mさんの入所当日，担当のA介護福祉職は，生活相談員が作成した生活歴や家族構成などの基本情報の記録を事前に確認したうえで，Mさんと関わった。

　入所当日の昼食後，A介護福祉職はMさんに歯ブラシと歯磨き粉を渡して，歯磨きを促した。しかし，Mさんは歯ブラシと歯磨き粉を持ったまま，不安そうな顔で歯を磨こうとしなかった。このときのMさんの症状に該当するものとして，適切なものを1つ選びなさい。

1　幻視
2　失行
3　振戦
4　脱抑制
5　常同行動

答え［　　　　　］

この答えを選んだ理由は？

認知症（dementia）の妻を介護している夫から，「死別した妻の父親と間違えられてつらい❶」

と相談されたときの介護福祉職の対応として，最も適切なものを1つ選びなさい。

1 妻が間違えないようになることは難しいと説明して，諦めるように伝える。

2 間違いを訂正すればするほど❷，妻の反発や興奮を引き起こすことを説明する。

3 認知症（dementia）の人によくみられることで，他の家族も同じ思いであることを伝える。

4 間違えられるつらさをよく聴いて，誤認を否定せずに❸，いつもどおりの態度で接するよう
に勧める。

5 夫がうつ状態であることの可能性を説明して，夫自身の精神科の受診を勧める。

【確認しましょう】
1. 下線部❶〜❸の意味を確認しましょう。
 ❶「死別した妻の父親と間違えられてつらい」
 ❷間違いを訂正すればするほど
 ❸誤認を否定せずに

この答えを選んだ理由は？

答え［　　　］

自分のことば で話してみましょう

> 1. あなたの施設の認知症の利用者の症状、または、知っている認知症の症状について、この課で勉強した専門用語を使って、具体的に説明してみましょう。

> 2. 「第29回（平成28年度）介護福祉士国家試験」問題86（p.98）を見ましょう。
あなただったら、どのように対応しますか。
せんぱいの意見を参考に考えてみましょう。

せんぱいの意見

- ご家族のストレスがたまらないように、ご家族の話をよく聞いて、共感することが大切だと思います。
- 夫の話をよく聞いていて、間違えられる辛さを理解します。

Ⅰ. _____ に入る言葉を a ～ c の中から選びましょう。

1. 認知症の症状は、_____ 症状と周辺症状に分けられる。 〔☛ 誰にでも起こる基本的な〕
   a. 中央　　　　b. 中核　　　　c. 中心

2. A さんは、最近 _____ がちである。 〔☛ 外に出ずに、ほとんど部屋の中にいること〕
   a. 引き取り　　　b. 引きこもり　　　c. 引き受け

3. 大事にしていた物を誰かに盗られてしまったと _____。 〔☛ 助けが必要なときなどに人に言う〕
   a. 助言する　　　b. 訴える　　　c. つぶやく

4. _____ ことで怒ったり、泣いたりすること。 〔☛ ちょっとした、小さな〕
   a. 些細な　　　　b. 軽度な　　　　c. 重大な

5. 食べたこと _____ を忘れてしまうことがある。 〔☛ 行動そのもの〕
   a. 自身　　　　b. 自体　　　　c. 自己

Ⅱ. 正しいものに〇を書きましょう。正しくない場合は、誤っている部分に線を書きましょう。

1. 中核症状も周辺症状も認知症になると必ず出る症状である。 （　　　）

2. 「記憶障害」とは、出来事全体を忘れてしまうという特徴がある。 （　　　）

3. 「見当識障害」は認知症の周辺症状である。 （　　　）

4. 「睡眠障害」は、認知症の中核症状のひとつで、昼夜逆転などの症状が見られる。 （　　　）

5. 木が人に見えることを「幻視」という。 （　　　）

認知症の症状については、テキストや参考書によって、使われている言葉が違うことがあります。
言葉だけではなく、どのような症状かを理解して、整理しておきましょう。

第 **9** 課　認知症②　認知症の種類（四大認知症）

+ **学習目標** +

- [ ] ❶「四大認知症」に関する言葉の意味を理解する
- [ ] ❷「四大認知症」に関する内容と専門用語を理解する
- [ ] ❸「四大認知症」に関する国家試験問題の内容を理解して答える
- [ ] ❹介護職としての対応について専門用語を使いながら説明する

+ **ウォーミングアップ** +

1 次の「認知症」に関するミニクイズに答えましょう。正しいものに〇を書きましょう。わからないときは、下のグラフを見てみましょう。

① 認知症の中で、患者数が多い「アルツハイマー型認知症」「血管性認知症」「レビー小体型認知症」「前頭側頭型認知症」を四大認知症と呼ぶ。（　　）

② 四大認知症の中で、アルツハイマー型認知症の患者が一番少ない。（　　）

2 次のような症状の利用者はいますか。

いつもおとなしい人が突然怒り出す

甘いものばかり食べるなど、同じ行動を繰り返す

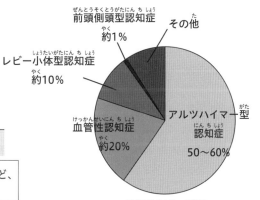

前頭側頭型認知症
約1%

その他

レビー小体型認知症
約10%

血管性認知症
約20%

アルツハイマー型認知症
50〜60%

【四大認知症の割合】

言葉を調べてみましょう

		言葉	読み方	意味
☐	1	異常		
☐	2	発生する		
☐	3	傾向にある		

読んでみましょう：「アルツハイマー型認知症」

　アルツハイマー型認知症は、アミロイドベータというタンパク質が脳に異常発生し、脳の細胞を破壊することによって起こる。症状がゆっくりと進むという特徴がある。認知症の人全体の 50 ～ 60% がアルツハイマー型認知症である。70 歳を過ぎると、アルツハイマー型認知症の患者が増える傾向にある。しかし、若い人でも認知症になる可能性はある（「若年性認知症」という）。女性のほうが男性よりもアルツハイマー型認知症になりやすい。

❶ アルツハイマー型認知症は、どうして起こりますか。

❷ アルツハイマー型認知症の特徴について、[　]の中に言葉を書くか、適当な言葉を選びましょう。

① 認知症患者の約 [　　　　　　] ％

② [男性・女性] に多い

③ 若い人に発症する認知症を [　　　　　　　　　] という

④ 症状が [ゆっくり・急速に] 進む

⑤ [　　　　　　　　　　　]（タンパク質）が脳に異常発生し、脳細胞が破壊される

Check! 正しいものに〇を書きましょう。正しくない場合は、誤っている部分に線を書きましょう。

（1） アルツハイマー型認知症は、男性に多い。　（　　）

（2） 認知症の患者の約 50 ～ 60％がアルツハイマー型認知症である。　（　　）

キーワード　アルツハイマー型認知症／アミロイドベータ／若年性認知症　　　➡📖

　｜　血管性認知症
<small>けっかんせいにんちしょう</small>

🔍 言葉を調べてみましょう
<small>ことば　しら</small>

言葉 <small>ことば</small>	読み方 <small>よ　かた</small>	意味 <small>い み</small>
☐ 1 　伴う		
☐ 2 　まだら	——	
☐ 3 　血流		

📖 読んでみましょう：「血管性認知症」
<small>よ</small>　　　　　　　　　　　<small>けっかんせいにんちしょう</small>

　　血管性認知症は、脳梗塞や脳出血などの脳血管障害によって、脳細胞が死んだり、壊れたりすることで起こる。そのため、認知症の症状だけではなく、麻痺や言語障害を伴うこともある。症状は、階段状に進行する。脳の血流の状態によって症状が変わる「まだら認知症」もこの血管性認知症の特徴である。例えば、朝、脳の血流がまだあまり良くないときは、自分がしたことを覚えていない。しかし、昼、血流が良くなってくると、自分がしたことを忘れないで覚えている。血管性認知症は男性に多い。

❶ 血管性認知症は、どうして起こりますか。

❷ 「まだら認知症」は、どんな認知症ですか。

❸ 血管性認知症の特徴について、[　　　]の中に言葉を書くか、適当な言葉を選びましょう。

① [　　　　　　　]によって脳細胞が死ぬ　　② [　　　　　　]や[　　　　　　]を伴う

③ [男性・女性]に多い　　④ 症状が[階段状・急速]に進む

⑤ 脳の血流の状態によって症状が変わる[　　　　　]認知症も見られる

Check! 正しいものに○を書きましょう。正しくない場合は、誤っている部分に線を書きましょう。

（1）アルツハイマー型の認知症は男性に多いが、血管性認知症は女性に多い。　（　　）

（2）「まだら認知症」は血流の状態によって、覚えているときがあったり、覚えていないときがあったりする。　（　　）

キーワード　血管性認知症／麻痺／言語障害／まだら認知症　　➡📖

📖 **読んでみましょう**：「レビー小体型認知症」

　　レビー小体型認知症は、図のように、レビー小体が神経細胞に集まって、脳の細胞の働きを低下させてしまう、あるいは、壊してしまうことによって起こる。幻視とパーキンソン病の症状が出ることが大きな特徴である。「幻視」というのは、目に見えないものが見えてしまうことで、幻覚の症状のひとつである。パーキンソン病の主な症状は、振戦、筋固縮、無動、姿勢保持障害の4つである（→ p.50）。

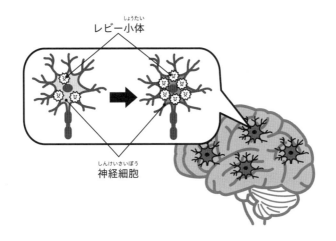

レビー小体

神経細胞

❶ レビー小体型認知症は、どうして起こりますか。

❷ レビー小体型認知症の特徴について、［　　］の中に言葉を書きましょう。

① ［　　　　　　　　　　　　］が神経細胞に集まって、脳の細胞を壊す。

② 幻覚の症状のひとつ ［　　　　　　　　］が症状である。

③ ［　　　　　　　　　］病の症状も見られる。

　⇒主な4つの症状とは、［　　　　　　］［　　　　　　］［　　　　　　］［　　　　　　　　］

Check! 正しいものに〇を書きましょう。正しくない場合は、誤っている部分に線を書きましょう。

(1) レビー小体型認知症は、幻視の症状が見られる。　（　　）

(2) レビー小体型認知症は、アミロイドベータという物質が脳細胞を壊して起こる。　（　　）

キーワード　　レビー小体型認知症／レビー小体／幻視／幻覚　　　→📖

言葉を調べてみましょう

	言葉	読み方	意味
□ 1	萎縮する		
□ 2	人格		
□ 3	万引き		
□ 4	大人しい		

読んでみましょう：「前頭側頭型認知症」

　　前頭側頭型認知症は、脳の前の部分にある前頭葉と、横の部分の側頭葉が萎縮してしまうことによって起こる認知症で、ゆっくり進行する。50歳から60歳で発症する。人の行動や考え方をコントロールする前頭葉と側頭葉の機能が低下してしまうため、行動や人格に変化が起こる。今までしっかりと生活していた人が普通ではやらないようなことをやったり（異常行動）、同じ行動を繰り返したり（常同行動）する。例えば、万引きをする、いつも大人しい人が突然、怒り出す、ずっと立ったり座ったりしている。前頭側頭型認知症の中で神経細胞にピック球が現れるものをピック病と呼ぶ。

❶ 前頭側頭型認知症は、どうして起こりますか。

❷ 前頭側頭型認知症の特徴について、[　　　]の中に言葉を書きましょう。

① 脳の「　　　　　」と「　　　　　」が萎縮する

② 人の [　　　　] や [　　　　] に変化が起こる

③ 普通ではやらないことをやる（異常行動）、同じことを繰り返す [　　　　] 行動

Check! 正しいものに〇を書きましょう。正しくない場合は、誤っている部分に線を書きましょう。

(1) 前頭側頭型認知症は、パーキンソン病の症状が見られることがある。　（　　）

(2) 前頭側頭型認知症になると、人格の変化が見られる。　（　　）

キーワード　前頭側頭型認知症／前頭葉／側頭葉／常同行動／ピック病

国家試験問題を解こう

「第29回（平成28年度）介護福祉士国家試験」問題81　　　　　　　　（解答・解説は別冊 p.31）

血管性認知症（vascular dementia）の症状や特徴に関する次の記述のうち，適切なものを1つ選びなさい。

1 男性と比較して女性に多く認められる。

2 ゆっくりと少しずつ進行する。

3 人格変化を認めることが多い。

4 初期にめまいを自覚することがある。

5 85歳以上で多く認められる。

答え［　　　　　］　　この答えを選んだ理由は？

「第30回（平成29年度）介護福祉士国家試験」問題80　　　　　　　　（解答・解説は別冊 p.31）

Cさん（70歳，女性）は息子（35歳）と二人暮らしをしている。息子の話によると，1年前から時々夜中に，「知らない人が窓のそばに立っている」などと言うことがある。また，ここ3か月で歩くのが遅くなり，歩幅が狭くなった。家事は続けているが，最近探し物が目立ち，料理の作り方がわからないことがある。病院で検査を受けたが，頭部MRIでは脳梗塞（cerebral infarction）や脳出血（cerebral hemorrhage）の指摘はなかった。Cさんの状況から，最も可能性の高いものを1つ選びなさい。

1 正常圧水頭症（normal pressure hydrocephalus）

2 レビー小体型認知症（dementia with Lewy bodies）

3 慢性硬膜下血腫（chronic subdural hematoma）

4 血管性認知症（vascular dementia）

5 うつ病（depression）

答え［　　　　　］　　この答えを選んだ理由は？

前頭側頭型認知症の特徴として，適切なものを1つ選びなさい。

1　物忘れの自覚

2　幻視

3　抑うつ

4　急速な進行

5　常同行動

この答えを選んだ理由は？

答え［　　　　　］

　Cさん（80歳，女性）は，軽度のアルツハイマー型認知症（dementia of the Alzheimer's type）と診断され，訪問介護（ホームヘルプサービス）を受けて自宅で一人暮らしをしている。几帳面な性格❶で，大切な物はタンスの中にしまっている。最近、物忘れが多くなってきた。ある日，訪問介護員（ホームヘルパー）が訪ねると，Cさんが，「泥棒に通帳を盗まれた」と興奮して訴えてきた。部屋はきれいな状態であった。訪問介護員（ホームヘルパー）のCさんへの対応として，最も適切なものを1つ選びなさい。

1　保管場所を忘れたのだろうと伝える。

2　気分を変えるために話題を変える❷。

3　一緒に通帳を探すことを提案する。

4　認知症（dementia）が進んできたための症状であることを伝える。

5　通帳の保管場所を忘れないように保管場所に目印をつけてもらう❸。

【確認しましょう】
1. 下線部❶〜❸の意味を確認しましょう。
　　❶几帳面な性格　　　❷話題を変える　　　❸保管場所に目印をつけてもらう

2.「Cさんが，『泥棒に通帳を盗まれた』と興奮して訴えてきた」とありますが，「大事なものを盗られてしまった」と訴える症状を何と言うでしょうか。わからない人は、Topic3をもう一度読みましょう。

この答えを選んだ理由は？

答え［　　　　　］

　Lさん（75歳，女性）は，介護老人福祉施設に入所している。中等度のアルツハイマー型認知症（dementia of the Alzheimer's type）と診断されて，担当のM介護福祉職（男性）を，既に亡くなった自分の夫であると認識している❶。何か心配なことがあると，M介護福祉職を探しだして「お父さん聞いて…」と不安そうな表情で話してくる。

　不安そうな表情で話すLさんへの，M介護福祉職の対応として，最も適切なものを1つ選びなさい。

1　女性職員に対応してもらうように伝える。

2　夫は既に亡くなっていることを伝える。

3　Lさんの話に耳を傾ける。

4　おしぼり畳みの軽作業を依頼する。

5　忙しくて手が離せない❷ことを伝える。

```
【確認しましょう】
下線部❶❷の意味を確認しましょう。
❶担当のM介護福祉職（男性）を、既に亡くなった自分の夫であると認識している
❷忙しくて手が離せない
```

この答えを選んだ理由は？

答え［　　　　　　］

自分のことば で 話してみましょう

> **1.** 「第29回（平成28年度）介護福祉士国家試験」問題84 (p.107) を見ましょう。
あなただったら、どのように対応しますか。

> **2.** 「第30回（平成29年度）介護福祉士国家試験」問題31 (p.108) を見ましょう。
あなただったら、どのように対応しますか。せんぱいの意見を参考に考えてみ
ましょう。

せんぱいの意見

- Lさんの話を傾聴し、その後は、楽しく話をします。

- お茶などを一緒に飲みながら、Lさんの話を聞きます。
共感しながら話を聞きます。

I. 〔　〕の意味の言葉をa～cの中から選び、＿＿＿＿に入れましょう。

1. 認知症の症状に麻痺や言語障害を＿＿＿＿こともある。　〔☜（ある症状と）一緒に出てくる〕
   a．伴う　　　　b．共に　　　　c．加える

2. 脳が＿＿＿＿ことで認知症が発症する。　〔☜小さくなる〕
   a．伸縮する　　　　b．萎縮する　　　　c．縮小する

3. 脳にアミロイドベータが＿＿＿＿することで認知症になる。　〔☜出てくる〕
   a．出発　　　　b．吸収　　　　c．発生

4. Aさんは、いつもは＿＿＿＿性格だが、突然、怒ることがある。　〔☜静かな、穏やかな〕
   a．激しい　　　　b．大人しい　　　　c．騒々しい

5. 70歳を過ぎると、アルツハイマー型認知症の患者が増える＿＿＿＿にある。　〔☜そうなりやすい〕
   a．特徴　　　　b．傾向　　　　c．状態

II. 正しいものに〇を書きましょう。正しくない場合は、誤っている部分に線を書きましょう。

1. 認知症の中で、患者数が多い「アルツハイマー型認知症」「血管性認知症」「レビー小体型認知症」「前頭側頭型認知症」を四大認知症と呼ぶ。　（　　　）

2. アルツハイマー型認知症は、男性に多い。　（　　　）

3. 血管性認知症は、階段状に進む。　（　　　）

4. レビー小体型認知症は、幻視の症状が見られる。　（　　　）

5. 前頭側頭型認知症は、人格の変化は起こらない。　（　　　）

認知症になると、利用者は簡単なことでも失敗することが増えます。失敗を責めるのではなく、症状を理解し、利用者へ共感する姿勢、利用者ができることに目を向けることが重要になります。

第10課 高齢者や障害者への虐待

＋学習目標＋

- □ ❶「虐待」に関する言葉の意味を理解する
- □ ❷「虐待（虐待の種類、調査、法律）」に関する内容と専門用語を理解する
- □ ❸「虐待」に関する国家試験問題の内容を理解して答える
- □ ❹「虐待防止」について、説明をしたり、意見を述べたりする

＋ウォーミングアップ＋

1 次の「高齢者虐待」に関するミニクイズに答えましょう。
次の行動の中で、虐待だと思うものに〇をつけてください。

① 車いすから降りたくないと言う高齢者の手を引っ張って、無理に降ろす。（　　）
② 高齢者が話しかけているのに、わざと無視する。（　　）
③ トイレのドアを開けたまま、排泄行為をさせる。（　　）

「虐待」とは？
暴力をふるったり、無視や暴言
などの冷たい接し方をすること。
習慣的に行われていたり、継続
的に行われることが多い。

2 あなたの施設では、高齢者や障害者への虐待についての研修がありますか。研修を受けたことがあれば、どんな内容だったか話してみましょう。

111

「虐待」にはどんな行動があると思いますか。

🔍 言葉を調べてみましょう

		言葉	読み方	意味
☐	1	暴力をふるう		
☐	2	拘束する		
☐	3	侮辱する		
☐	4	苦痛を与える		
☐	5	同意		
☐	6	強要する		
☐	7	放置する		
☐	8	財産		
☐	9	放棄		
☐	10	放任		

📖 読んでみましょう：「虐待の種類」

　高齢者虐待は、法律で5つの種類に分けられている。「身体的虐待」は、高齢者を殴る、蹴るなど、暴力をふるうことである。①体をベッドに縛りつけるなど、身体を拘束して自由に動けないようにすることも虐待である。「心理的虐待」は、怒鳴る、侮辱する、話しかけているのに無視することなどで、精神的に苦痛を与えることである。「性的虐待」は、本人の同意なしに、性的な行為を強要することなどである。また、高齢者が排泄を失敗したときに、下着をはいていない状態で放置することも虐待である。「経済的虐待」は、②同意なしに高齢者の財産を使うことなどである。「ネグレクト（介護・世話の放棄・放任）」は、必要な介護や世話をしないで、③生活環境や身体的・精神的状態を悪化させることなどである。

キーワード　虐待の種類／身体的虐待／身体拘束／心理的虐待　　→📖

❶ 次の言葉を説明しましょう。

① 体をベッドに縛りつける

② 同意なしに高齢者の財産を使う

③ 生活環境を悪化させる

❷ どのようなことが「身体を拘束する」ことになると思いますか。話しましょう。

❸ 次のイラストは、どんな虐待を表していますか。下のa～eの中から選びましょう。

①
(　　)

高齢者の足を蹴る

②
(　　)

寝たきりの高齢者の部屋を
掃除せずに、放置する

③
(　　)

下着をはいていない状態で、外に立たせる

④
(　　)

高齢者が失敗したときに怒鳴る

⑤
(　　)

高齢者のお金を勝手に使う

a．ネグレクト	b．身体的虐待	c．性的虐待
d．経済的虐待	e．心理的虐待	

④ 次の表は「虐待の種類」に関する表です。①～④はどのような虐待でしょうか。_____に言葉を書きましょう。また虐待の具体例を、下のa～eの中から選んで、⑤～⑧に書きましょう。

虐待の種類	虐待の説明	虐待の具体例
㋕ ___性___的虐待	本人の同意なしに、性的な行為を強要すること。	㋕（ c ）
① _____的虐待	暴力をふるって、体に傷や痛みを与えること。 自由に動けないように、身体を拘束すること。	⑤（　　）
② _____的虐待	高齢者を怒鳴る、侮辱する、無視するなどして、精神的に苦痛を与えること。	⑥（　　）
③ _____的虐待	本人の同意なしに、財産を使うこと。	⑦（　　）
④ _____ （介護・世話の放棄・放任）	家族などが高齢者の介護や生活の世話をしないで、生活環境を悪化させること。	⑧（　　）

【虐待の具体例】

　a．無理やり、食べ物を高齢者の口の中に入れる。

　b．人の前で高齢者の排泄の失敗などを話して笑う。

　c．排泄を失敗したときに、はだかにして放置する。

　d．ずっと部屋の中のごみを捨てないなど、ひどい環境の中で生活させる。

　e．日常生活に必要なお金を渡さなかったり、お金を使わせなかったりする。

Check! 正しいものに〇を書きましょう。正しくない場合は、誤っている部分に線を書きましょう。

(1) 暴力をふるって、体にあざや痛みを与えることは、経済的虐待である。　（　　）

(2) ベッドから降りられないように、ベッドを柵で囲むことは、身体的虐待になる。　（　　）

キーワード	介護・世話の放棄・放任／ネグレクト／介護放棄	➡📖

言葉を調べてみましょう

		言葉	読み方	意味
☐	1	養護者		
☐	2	通報		
☐	3	被虐待者		
☐	4	(施設の)種別		
☐	5	同居		
☐	6	別居		
☐	7	続柄		
☐	8	(養介護施設)従事者		

読んでみましょう：「高齢者虐待の調査」

　　厚生労働省は、毎年、高齢者に対する虐待への対応についての調査をしている。2018（平成30）年度の調査では、養護者による虐待の相談・通報は、32,231件で、虐待判断件数は、17,249件（前年より1.0%増）であった。虐待の種類は、身体的虐待が多く、次いで心理的虐待、介護等放棄であった。被虐待者は女性が多かった。虐待者は息子、夫、娘の順に多かった。

　　また、特別養護老人ホームや有料老人ホーム等で働く人（養介護施設＊従事者）等による虐待は増加しており、虐待の相談・通報件数は2,187件で、虐待判断件数は621件（前年より21.8%増）だった。虐待の種類は、身体的虐待が最も多かった。被虐待者は女性が多く、虐待者は男性職員が多かった。施設の種別は、特別養護老人ホームが最も多く、30%を超えていた。虐待の相談者、通報者は、当該施設（その施設の）職員が最も多く、次いで家族・親族であった。

＊養介護施設とは、介護保険法の介護老人福祉施設、介護老人保健施設、介護療養型医療施設、地域密着型介護老人福祉施設（→ p.159）、老人福祉法の老人福祉施設、有料老人ホーム等のこと。

（参考：厚生労働省「平成30年度「高齢者虐待の防止、高齢者の養護者に対する
支援等に関する法律」に基づく対応　状況に関する調査結果」より）

キーワード　高齢者虐待調査／
高齢者虐待の防止、高齢者の養護者に対する支援等に関する法律

表1 養護者による高齢者虐待

①虐待の種類 （複数回答）	身体的	11,987 件			
	心理的	6,992 件			
	介護等放棄	3,521 件			
	経済的	3,109 件			
②被虐待者	性別	女性 76.3%		男性 23.7%	
③虐待者	同居・別居	虐待者とのみ同居 50.9%	虐待者及び他の家 族と同居 36.1%	別居・その他 13.0%	
	続柄	息子 39.9%	夫 21.6%	娘 17.7%	妻 嫁 その他 6.4% 3.8%

表2 養介護施設従事者等による高齢者虐待

①虐待の種類 （複数回答）	身体的	533 件		
	心理的	251 件		
	介護等放棄	178 件		
②被虐待者	性別	女性 74.2%		男性 25.2%
③虐待者	性別	男性 392人 54.2%		女性 294人 40.7%
	施設の種別	特別養護老人ホーム 34.9%	有料老人ホーム 23.0%	グループ ホーム 14.2%
④虐待の相談・通報者		当該施設職員 21.6%	家族・親族 19.7%	

● 文章と表を見て、言葉を入れましょう。

(1) 養護者による高齢者虐待について

① 虐待の種類で、＿＿＿＿＿＿＿虐待が一番多い。

② 被虐待者の性別は、＿＿＿＿＿＿＿が多い。

③ 虐待者の家族形態（同居・別居）では、＿＿＿＿＿＿＿とだけ同居が多い。

④ 虐待者の続柄は、＿＿＿＿＿＿＿が多い。

(2) 養介護施設従事者による高齢者虐待について

① 虐待の種類で、＿＿＿＿＿＿＿虐待が一番多い。

② 被虐待者の性別は、＿＿＿＿＿＿＿が多く、虐待者は＿＿＿＿＿＿＿が多い。

③ 施設の種別は、＿＿＿＿＿＿＿＿＿＿＿が多い。

④ 虐待の相談者、通報者は、＿＿＿＿＿＿＿＿＿＿＿が多い。

Check! 正しいものに○を書きましょう。正しくない場合は、誤っている部分に線を書きましょう。

(1) 養護者による虐待で、最も多いのは介護等の放棄である。（　　）

(2) 養介護施設従事者による虐待で、被虐待者の性別で最も多いのは女性である。（　　）

キーワード	養介護施設／特別養護老人ホーム／有料老人ホーム／グループホーム

言葉を調べてみましょう

	言葉	読み方	意味
□ 1	制定		
□ 2	施行		
□ 3	防止する		
□ 4	速やかに		
□ 5	定める		

読んでみましょう1：「高齢者虐待防止法」

法律名	**高齢者虐待防止法** **（高齢者虐待の防止、高齢者の養護者に対する支援等に関する法律）**		
制定	2005 年	施行	2006 年
概要	高齢者虐待防止法は、65 歳以降の高齢者に対する虐待を防止して、高齢者の権利を守るための法律である。虐待の種類は、身体的虐待、心理的虐待、性的虐待、経済的虐待、ネグレクト（介護・世話の放棄・放任）の5つである。 この法律は、家庭内や高齢者施設で虐待を受けている高齢者を発見した場合は、速やかに市町村に通報しなければならないと、定めている。		

● 文章を読んで言葉を入れましょう。

① 高齢者虐待防止法は、＿＿＿＿＿年に作られた。
② 高齢者の虐待は、＿＿＿＿＿歳以降の高齢者を対象としている。
③ 家庭内や高齢者施設で虐待を受けている高齢者を発見したら、速やかに＿＿＿＿＿に通報しなければならない。

キーワード　高齢者虐待防止法／高齢者／市町村／都道府県

117

📖 **読んでみましょう2：「障害者虐待防止法」**

法律名	障害者虐待防止法		
制定	2011 年	施行	2012 年
概要	障害者虐待防止法は、障害者が自宅や施設、職場で、養護者、障害者福祉施設従事者、使用者（障害者が働いている会社の経営者等）から虐待されることがないように、2011 年に定められた。虐待の種類は、身体的虐待、心理的虐待、性的虐待、経済的虐待、ネグレクトの5つである。この法律では、虐待の発見者の通報義務を定めていて、障害者への虐待を発見した場合、速やかに市町村、または、都道府県へ通報しなければならない。		

❶ 次の言葉はどのような人ですか。例を挙げましょう。

① 養護者

② 障害者福祉施設従事者

③ 使用者

❷ 文章を読んで言葉を入れましょう。

① 障害者虐待防止法は、＿＿＿＿＿＿＿年にできた。

② 障害者への虐待の種類は、＿＿＿＿＿＿＿的虐待、＿＿＿＿＿＿＿的虐待、＿＿＿＿＿＿＿的虐待、＿＿＿＿＿＿＿的虐待、放棄・放任（＿＿＿＿＿＿＿＿＿）がある。

③ 虐待を発見したときは、速やかに＿＿＿＿＿＿＿＿＿または、＿＿＿＿＿＿＿＿＿に通報しなければならない。

Check! 正しいものに○を書きましょう。正しくない場合は、誤っている部分に線を書きましょう。

(1) 高齢者虐待防止法の「高齢者」とは、65 歳以上の人のことである。（　　）

(2) 障害者が働いている会社で、障害者への虐待を発見した場合、速やかに使用者に知らせる。

（　　）

キーワード　障害者虐待防止法／障害者／障害者福祉施設／通報義務　→📖

国家試験問題を解こう

「第23回（平成22年度）介護福祉士国家試験」問題47　　　　（解答・解説は別冊 p.32）

高齢者への心理的虐待に関する次の記述のうち，誤っているものを一つ選びなさい。

1　虐待は，家族や介護者によって，なされることが多い。

2　高齢者本人の財産を不当に処分する行為は，心理的虐待に含まれる。

3　虐待には，高齢者の障害の状況や心理状態に対する介護者の理解不足が関係する。

4　介護者の負担を周囲の者が認め，心労を軽くすることが虐待の予防につながる。

5　高齢者と介護者を社会から孤立させないために，周囲の人々が連携する。

この答えを選んだ理由は？

答え［　　　　　］

「第29回（平成28年度）介護福祉士国家試験」問題18　　　　（解答・解説は別冊 p.32）

高齢者虐待調査結果に関する次の記述のうち，適切なものを１つ選びなさい。

1　被虐待高齢者と虐待を行った養護者（虐待者）との同居・別居の状況は，虐待者とのみ同居が最も多い。

2　被虐待高齢者からみた虐待を行った養護者（虐待者）の続柄は，夫が最も多い。

3　被虐待高齢者と虐待を行った養護者（虐待者）の家族形態は，子夫婦と同居が最も多い。

4　養介護施設従事者等による虐待についての相談・通報者は，家族・親族が最も多い。

5　養介護施設従事者等による虐待の事実が認められた施設・事業所の種別は，「有料老人ホーム」が最も多い。

この答えを選んだ理由は？

答え［　　　　　］

(注）高齢者虐待調査結果は2014年度（平成26年度）高齢者虐待の防止，高齢者の養護者に対する支援等に関する法律に基づく対応状況等に関する調査結果（厚生労働省）のことである。

（https://www.mhlw.go.jp/stf/seisakunitsuite/bunya/hukushi_kaigo/kaigo_koureisha/boushi/index.html）

　　知的障害のある D さん（40 歳、男性）は、就労移行支援事業所を利用して、現在、U 株式会社に勤務している。ある時、就労移行支援事業所に勤務する E 介護福祉職は、D さんから、職場で上司から虐待を受けているという相談を受けた。E 介護福祉職の対応として、最も適切なものを 1 つ選びなさい。

1　我慢して職場を辞めないように助言した。

2　警察に通報した。

3　地域包括支援センターに報告した。

4　D さんの勤務先のある市町村に通報した。

5　U 株式会社に出向いて、虐待をやめるよう申し入れた。

この答えを選んだ理由は？

答え［　　　　　］

　　認知症（dementia）の母親を献身的に介護している息子❶が、母親に怒鳴られてたたきそうになった。それを見ていた介護福祉職の息子への対応に関する次の記述のうち、最も適切なものを 1 つ選びなさい。

1　「孝行息子のあなたが手を上げるなんて…❷」と注意する。

2　「行政に通報します」と告げる❸。

3　「認知症（dementia）だから怒鳴るのは仕方がない」と慰める。

4　「地域にある認知症（dementia）の人と家族の会を紹介します」と伝える。

5　「懸命に介護をして疲れていませんか」と話を聴く。

【確認しましょう】
下線部❶〜❸の意味を確認しましょう。
❶母親を献身的に介護している息子　　❷孝行息子のあなたが手を上げるなんて…
❸「行政に通報します」と告げる

この答えを選んだ理由は？

答え［　　　　　］

自分のことば で話してみましょう

> **1.** あなたの施設では、虐待防止のためにどのような取り組みをしていますか。せんぱいの意見を参考に、具体的に説明してみましょう。

> **2.** どうすれば、養護者や養施設介護者による虐待が防げると思いますか。

せんぱいの意見

• 私の施設では、虐待についてのアンケートをしています。

• 虐待の研修を行っています。虐待があったときに訴えられるように箱を置いています。

クールダウン

Ⅰ. 〔　　〕の意味の言葉をa～cの中から選び、＿＿＿に入れましょう。

1. 本人の＿＿＿なしで、年金や貯金を使ってしまう。 〔◔意見が同じになること〕
   a．決意　　　　　b．同意　　　　　c．意見

2. お酒を飲むことを＿＿＿する。 〔◔無理に～させる〕
   a．強要　　　　　b．強調　　　　　c．強化

3. 養介護施設＿＿＿による虐待 〔◔～の仕事をしている人〕
   a．養護者　　　　b．支援者　　　　c．従事者

4. 泥棒を見つけたので、警察に＿＿＿した。 〔◔事件などを発見したときに、警察に知らせる〕
   a．通信　　　　　b．通報　　　　　c．通達

5. 虐待を発見したら、＿＿＿知らせなければならない。 〔◔速く、すぐに〕
   a．おだやかに　　　　　b．すみやかに　　　　　c．ゆるやかに

Ⅱ. 正しいものに〇を書きましょう。正しくない場合は、誤っている部分に線を書きましょう。

1. 家族が介護や生活の世話をしていないことを経済的虐待という。 （　　　）

2. 被虐待高齢者からみた虐待を行った養護者の続柄は、夫が最も多い。 （　　　）

3. 高齢者虐待防止法の「高齢者」とは、65歳以上の人のことである。 （　　　）

4. 高齢者への虐待を発見した場合は、すぐに警察に通報する義務がある。 （　　　）

5. 障害者が働いている会社で、障害者への虐待を発見した場合、速やかに使用者に知らせる。

（　　　）

高齢者虐待はストレスや知識不足、利用者との関係性の変化など、さまざまな原因で起こります。
虐待について理解し、虐待をしない、そして虐待を発見した場合には適切に対応できるようにしておきましょう。

第11課 介護福祉士に関する法律

＋学習目標＋

- [ ] ❶「介護福祉士の法律・定義・義務」に関する言葉の意味を理解する
- [ ] ❷「介護福祉士の法律・定義・義務」に関する内容と専門用語を理解する
- [ ] ❸「介護福祉士」に関する国家試験問題の内容を理解して答える
- [ ] ❹介護福祉士の仕事について具体例を示して説明する

＋ウォーミングアップ＋

1 あなたは「介護福祉士」についてどれだけ知っていますか。
次のミニクイズに答えましょう。

① 介護福祉士は、日本の国家資格である。　（　　）
② 日本には、「介護福祉士」の定義について書かれている法律がある。　（　　）
③ 介護福祉士は、利用者の秘密を他の人に話してはいけないという義務がある。　（　　）

2 あなたの施設では、どのように利用者の秘密や個人情報を守るようにしていますか。

言葉を調べてみましょう

		言葉	読み方	意味
☐	1	資格		
☐	2	業務		
☐	3	正確		
☐	4	福祉		
☐	5	発展		
☐	6	貢献する		
☐	7	改正		
☐	8	心身		
☐	9	状況		
☐	10	条件		

読んでみましょう1：「社会福祉士及び介護福祉士法」

法律名	社会福祉士及び介護福祉士法		
制定	1987 年	改正	2007 年、2011 年
概要	この法律は、国家資格である社会福祉士と介護福祉士の業務が正確に行われることや、福祉の発展に貢献することを目的に 1987 年に制定された。2007 年の改正では、介護福祉士が行う「介護」について、「入浴、排せつ、食事その他の介護」等から、「心身の状況に応じた介護」等になった。2011 年の改正では、①一定の条件の下で、介護福祉士が喀痰吸引や経管栄養を行えるようになった（②2012 年から施行）。		

キーワード　社会福祉士及び介護福祉士法／社会福祉士／介護福祉士　➡📖

❶ 次の言葉を説明しましょう。

① 一定の条件

② 2012 年から施行

❷ 法律の説明を読んで、＿＿＿＿に言葉を書きましょう。

社会福祉士及び介護福祉士法は、

① ＿＿＿＿＿＿年にできた

② 法律制定の目的：

• 社会福祉士と介護福祉士の業務が＿＿＿＿＿＿＿＿＿＿＿＿＿＿＿＿＿＿＿＿こと

• ＿＿＿＿＿＿＿＿＿＿＿＿＿＿＿＿＿＿＿＿＿＿＿＿＿＿＿＿＿＿＿＿こと

❸ 「社会福祉士及び介護福祉士法」の改正で、どのような点が変わりましたか。説明しましょう。

① 2007 年の改正：

「介護」は、「入浴、排せつ、食事その他の介護」等から「＿＿＿＿＿＿＿＿＿＿」等

に変わった。

② 2011 年の改正：

決められた条件の下で、介護福祉士が＿＿＿＿＿＿＿＿＿＿＿＿を行えるようになった。

Check! 正しいものに〇を書きましょう。正しくない場合は、誤っている部分に線を書きましょう。

(1) 2007 年の法律の改正で、介護福祉士の行う介護の定義は、「入浴、排泄、食事その他の介護」等から「心身の状況に応じた介護」等になった。　（　　）

(2) 介護福祉士は、喀痰吸引や経管栄養を行うことは絶対にできない。　（　　）

キーワード　喀痰吸引／経管栄養　　➡ 📖

125

🔍 言葉を調べてみましょう

言葉	読み方	意味
☐ 1 登録		
☐ 2 名称		
☐ 3 用いる		
☐ 4 支障		
☐ 5 含む		
☐ 6 指導		

📖 読んでみましょう1：「介護福祉士の定義」

「介護福祉士」とは、「介護福祉士登録簿」に登録されている人のことである。そして、介護福祉士の名称を用いて仕事をする人のことである。業務の内容は、身体や精神に障害があるために日常生活に支障がある人に、介護に関する専門知識や技術を使って「心身の状況に応じた介護（医師の指示の下での喀痰吸引・経管栄養等を含む）」等を行う。また、その人やその介護者に、「介護についての指導」を行う。

(社会福祉士及び介護福祉士法 第2条第2項から)

❶ 「介護福祉士の定義」に関する文章を読んで、ポイントを整理しましょう。

介護福祉士とは、

① 介護福祉士登録簿に＿＿＿＿＿＿＿＿されている人

② 介護福祉士の＿＿＿＿＿＿＿＿を使って仕事をする人

③ 介護の専門的な＿＿＿＿＿＿＿＿と＿＿＿＿＿＿＿＿を使って介護を行う人

④ 身体や精神に障害があるため日常生活に支障がある人に、＿＿＿＿＿＿＿＿＿＿＿＿＿に応じた介護等をする人

⑤ 身体や精神に障害があるために日常生活に支障がある人とその介護者に介護についての＿＿＿＿＿＿＿＿を行う人

キーワード 介護福祉士の定義／介護福祉士法／心身の状況に応じた介護

❷ 文章の内容について答えましょう。

① 「介護に関する専門知識と技術」には、例えばどのような専門知識や技術がありますか。

_____

② 「身体や精神に障害があるために日常生活に支障がある人」とは、例えばどんな人ですか。

_____

③ 「心身の状況に応じた介護」とは、どのような介護ですか。例を挙げて、説明しましょう。

_____

📖 読んでみましょう 2 ：「名称独占と業務独占」

　名称独占とは、介護福祉士や社会福祉士など、資格を持っている人だけが「その名前を使って仕事をすることができる」ことである。
　業務独占とは、医師や看護師など、免許・資格を持っている人しかその仕事をすることができないことである。つまり、免許・資格がない人はその仕事ができない。

● 文章を読んで、下線に言葉を書きましょう。

① 介護福祉士は、＿＿＿＿＿＿＿独占の資格である。

② 医師は、＿＿＿＿＿＿＿独占の資格である。

Check! 正しいものに〇を書きましょう。正しくない場合は、誤っている部分に線を書きましょう。

(1) 介護福祉士として仕事をするためには、介護福祉士登録簿に登録しなければならない。

（　　）

(2) 介護の仕事をしている人は、誰でも介護福祉士の名前を使って仕事ができる。　（　　）

キーワード　名称独占／業務独占　　　　➡📖

127

言葉を調べてみましょう

	言葉	読み方	やさしい言い方
1	義務		
2	規定		
3	秘密保持		
4	正当な		
5	秘密を漏らす		
6	罰金		
7	信用失墜		
8	誠実な		
9	資質向上		
10	連携		

読んでみましょう1：「介護福祉士の義務など」

　社会福祉士及び介護福祉士法に、介護福祉士の義務などが規定されている。

　1つ目は「秘密保持義務」である。介護福祉士は、正当な理由がないのに、介護の業務の中で知ることができた人の秘密を漏らしてはいけない。これは、介護福祉士を辞めた後も同じである。秘密保持義務を守らなかった場合は、1年以下の懲役または30万円以下の罰金となる。2つ目は「信用失墜行為の禁止」である。介護福祉士の信用を傷つける行為をしてはいけない。信用失墜行為をした場合は、介護福祉士の登録が消されることもある。3つ目は「誠実義務」である。いつも利用者の立場に立って、誠実にその業務を行わなければならない。4つ目は「資質向上の責務」である。介護福祉士は、介護などに関する知識や技能の向上に努めなければならない。5つ目は「連携」である。介護福祉士は、福祉サービス等が総合的に、そして適切に提供されるように、福祉サービス関係者との連携を保たなければならない。

キーワード　介護福祉士の義務／秘密保持義務／信用失墜行為の禁止／誠実義務

128

❶ 文章の内容について話しましょう。

① 「秘密保持義務」とは、どのような義務ですか。説明してください。

② 秘密保持義務を守らなかった場合はどうなりますか。

③ 「介護福祉士の信用を傷つける行為」とは、どんなことだと思いますか。

④ あなたはどんな人と「連携」して仕事をしていますか。

❷ 次の表は介護福祉士の義務についてまとめたものです。表の①～④に当てはまるものは、次のa～eのどれですか。説明を読んで例のように書いてみましょう。

a．誠実義務　　b．資質向上の責務　　c．連携

d．信用失墜行為の禁止　　e．秘密保持義務

	言葉	読み方	説明
例	a．誠実義務	せいじつぎむ	常に利用者の立場に立って、誠実にその業務を行わなければならない。(* 第44条の2)
①			介護福祉士の信用を傷つけるような行為をしてはならない。(* 第45条)
②			正当な理由がなく、その業務で知った人の秘密を漏らしてはならない。介護福祉士を辞めた後も同じである。(* 第46条)
③			福祉サービス等が総合的かつ適切に提供されるよう、福祉サービス関係者等との連携を保たなければならない。(* 第47条)
④			介護等に関する知識及び技能の向上に努めなければならない。(* 第47条の2)

＊社会福祉士及び介護福祉士法

Check! 正しいものに○を書きましょう。正しくない場合は、誤っている部分に線を書きましょう。

(1) 介護福祉士は、介護等に関する知識や技能の向上に努めなければならない。　　(　　)

(2) 介護福祉士は、信用失墜行為をした場合、罰則により1年以下の懲役または30万円以下の罰金を払わなければいけない。　　(　　)

キーワード　資質向上の責務／連携／他の専門職との連携・協働　　➡📖

129

国家試験問題を解こう

「第31回（平成31年度）介護福祉士国家試験」問題18

（解答・解説は別冊 p.33）

社会福祉士及び介護福祉士法における社会福祉士の義務として，適切なものを1つ選びなさい。

1 家族介護者の介護離職の防止

2 医学的管理

3 日常生活への適応のために必要な訓練

4 福祉サービス関係者等との連携

5 子育て支援

答え［　　　　　］

この答えを選んだ理由は？

「第30回（平成30年度）介護福祉士国家試験」問題18

（解答・解説は別冊 p.33）

社会福祉士及び介護福祉士法に関する次の記述のうち，適切なものを1つ選びなさい。

1 介護に従事している者は，介護福祉士を名乗ることができる。

2 介護福祉士の業として，介護者に対する介護に関する指導が含まれる。

3 成年被後見人や被保佐人は，介護福祉士となることができる。

4 介護福祉士は信用失墜行為をした場合，罰則により1年以下の懲役または30万円以下の罰金に処せられる。

5 介護福祉士国家試験に合格した日から，介護福祉士を名乗ることができる。

答え［　　　　　］

この答えを選んだ理由は？

（解答・解説は別冊 p.34）

介護福祉士に関する次の記述のうち，最も適切なものを 1 つ選びなさい。

1　介護福祉士の資格は，業務独占の資格である。

2　介護福祉士の資格は，更新制である。

3　介護福祉士になるには，都道府県知事に申請し登録しなければならない。

4　介護福祉士は，介護等に関する知識や技術の向上に努めなければならない。

5　刑事罰に処せられた者は，どのような場合も介護福祉士になれない。

答え［　　　　　］

この答えを選んだ理由は？

（解答・解説は別冊 p.34）

介護福祉士の業であって、医師の指示の下に行われる喀痰吸引等を規定した法律として、正しいものを 1 つ選びなさい。

1　社会福祉士及び介護福祉士法

2　社会福祉法

3　介護保険法

4　医師法

5　保健師助産師看護師法

答え［　　　　　］

この答えを選んだ理由は？

自分のことば で 話してみましょう

> **1.** あなたは介護職としてどのような仕事をしていますか。具体的に説明してみましょう。せんぱいの意見を参考に、具体的に説明しましょう。

> **2.** 「介護福祉士」とはどのような人ですか。テキストで勉強したことばを使って、話してみましょう。

せんぱいの意見

• 介護が必要なお年寄りや障害がある人に対して、スムーズな日常生活が送れるように、食事や入浴、排泄、歩行などの介助をします。

• 食事介助、口腔ケアをします。利用者の話を傾聴します。利用者を散歩に連れて行きます。シーツ交換をします。

• (利用者が) 楽しくなるようにレクリエーションをします。

クールダウン

I. 〔　　〕の意味の言葉をa～cの中から選び、＿＿＿＿に入れましょう。

1. 社会福祉士及び、介護福祉士法は、2007年と2011年に＿＿＿＿された。

〔☛法律の内容が変わった〕

    a．制定　　　　b．改正　　　　c．施行

2. 介護福祉士は、「介護福祉士」の＿＿＿＿を用いて仕事をする　〔☛名前〕

    a．名簿　　　　b．名称　　　　c．登録

3. 介護福祉士の仕事は、＿＿＿＿の状況に応じた介護等を行うことである。　〔☛心と体〕

    a．心身　　　　b．身体　　　　c．精神

4. 介護福祉士には、5つの＿＿＿＿がある。　〔☛やらなければならないこと〕

    a．秘密　　　　b．罰則　　　　c．義務

5. 介護福祉士は、業務で知った秘密を＿＿＿＿はいけない。　〔☛(秘密を)外部の人に教える〕

    a．聞いて　　　　b．漏らして　　　　c．見つけて

II. 正しいものに〇を書きましょう。正しくない場合は、誤っている部分に線を書きましょう。

1. 社会福祉士及び介護福祉士法は、2000年に改正された。　（　　　）

2. 介護福祉士は、環境上の理由により日常の生活に支障がある人に介護をする。　（　　　）

3. 介護福祉士は、介護に関する指導は行わない。　（　　　）

4. 介護福祉士は、介護に関する知識や技術の向上に努めなければならない。　（　　　）

5. 介護福祉士は、福祉サービス関係者との連携をしなければならない。　（　　　）

介護職として働くためには、介護福祉士に関する法律を理解しておくことが必ず必要です。国家試験でも法律に関する問題が出ますので、しっかりと勉強しましょう！

第12課　介護保険① 介護保険制度

＋ 学習目標 ＋

☐ ❶「介護保険制度」に関する言葉の意味を理解する

☐ ❷「介護保険制度」の内容と専門用語を理解する

☐ ❸「介護保険制度」に関する国家試験問題の内容を理解して答える

☐ ❹ 自分の国や地域の介護や地域包括支援センターについて、説明する

＋ ウォーミングアップ ＋

1 介護保険制度は、日本の「社会保障制度」のひとつです。あなたの国は、どのような「社会保障制度」がありますか。

2 地域包括支援センターに行ったことがありますか。どんなことをしていましたか。

135

日本はどうして介護保険制度をつくったと思いますか。

🔍 言葉を調べてみましょう

言葉	読み方	意味
☐ 1 以前		
☐ 2 長寿		
☐ 3 寝たきり		
☐ 4 長期化		
☐ 5 ますます	——	
☐ 6 深刻な		
☐ 7 仕組み		

📖 読んでみましょう：「介護保険制度創設の背景」

　　日本は、以前、介護は家族で行っていたが、世界一の(ア)長寿国となり、(イ)寝たきりや認知症などの①要介護高齢者の増加、②介護の長期化などによって、介護の必要性や重要性がますます高まってきている。また、③介護する側の高齢化なども深刻な問題となっている。④女性の社会進出や⑤核家族化の進展など、家族だけで介護することが困難な時代となった。このようなことから、日本では2000年に介護保険法が施行され、介護保険制度が創設された。

　　介護保険制度は、「⑥国民の共同連帯の理念」（介護保険法第1条）に基づいている。⑦この制度は、介護が必要になった人やその家族を社会全体で支えていく仕組みである。

（参考：「WAM NET」https://www.wam.go.jp/content/wamnet/pcpub/top/）

キーワード	社会保障制度／介護保険制度／介護保険法	➡📖

❶ あなたの施設に（ア）長寿の方、（イ）寝たきりの方はいらっしゃいますか。どんな方か説明してください。

（ア）＿＿＿＿＿＿＿＿＿＿＿＿＿＿＿＿＿＿＿＿＿＿＿＿＿＿＿＿＿＿＿＿＿＿＿

（イ）＿＿＿＿＿＿＿＿＿＿＿＿＿＿＿＿＿＿＿＿＿＿＿＿＿＿＿＿＿＿＿＿＿＿＿

❷ 次の①〜⑤について、説明しましょう。皆さんの国でも、①〜⑤の状況がありますか。話しましょう。

① 要介護高齢者の増加

＿＿＿＿＿＿＿＿＿＿＿＿＿＿＿＿＿＿＿＿＿＿＿＿＿＿＿＿＿＿＿＿

② 介護の長期化

＿＿＿＿＿＿＿＿＿＿＿＿＿＿＿＿＿＿＿＿＿＿＿＿＿＿＿＿＿＿＿＿

③ 介護する側の高齢化

＿＿＿＿＿＿＿＿＿＿＿＿＿＿＿＿＿＿＿＿＿＿＿＿＿＿＿＿＿＿＿＿

④ 女性の社会進出

＿＿＿＿＿＿＿＿＿＿＿＿＿＿＿＿＿＿＿＿＿＿＿＿＿＿＿＿＿＿＿＿

⑤ 核家族化の進展

＿＿＿＿＿＿＿＿＿＿＿＿＿＿＿＿＿＿＿＿＿＿＿＿＿＿＿＿＿＿＿＿

❸ 下線部「⑥国民の共同連帯の理念」とは、どのような考えでしょうか。

＿＿＿＿＿＿＿＿＿＿＿＿＿＿＿＿＿＿＿＿＿＿＿＿＿＿＿＿＿＿＿＿

❹ 下線部「⑦介護が必要になった人やその家族を社会全体で支えていく」とは、どのようなことでしょうか。

＿＿＿＿＿＿＿＿＿＿＿＿＿＿＿＿＿＿＿＿＿＿＿＿＿＿＿＿＿＿＿＿

Check! 正しいものに〇を書きましょう。正しくない場合は、誤っている部分に線を書きましょう。

（1）2000年に介護保険法が施行された。　（　　　）

（2）介護保険制度は、「国民の共同連帯の理念」に基づいて創設された。　（　　　）

キーワード 介護サービス／寝たきり／共同連帯　　　　➡📖

言葉を調べてみましょう

		言葉	読み方	意味
☐	1	以降		
☐	2	需要		
☐	3	見込まれる		
☐	4	包括的な		
☐	5	提供する		

読んでみましょう：「地域包括ケアシステム」

　日本は、他の国には見られないスピードで高齢化が進行している。2020年時点で、①65歳以上の人口は、3,617万人である（日本の人口の28.7％）。3,500万人を超えている（国民の約4人に1人）。団塊の世代（約800万人）が75歳以上となる2025年以降は、国民の医療や介護の需要がさらに増加することが見込まれている。そのため、日本では、高齢者の尊厳の保持と自立生活の支援を目的として、可能な限り②住み慣れた地域で、自分らしい暮らしを③人生の最期まで続けることができるよう、地域の包括的な支援・サービスの提供体制（地域包括ケアシステム）がつくられている。

　「地域包括ケアシステム」とは、高齢者が住み慣れた地域でできる限り継続して生活を送れるように、高齢者の状況やその変化に応じて、さまざまな支援（住まい、医療、介護、介護予防、生活支援）を、継続的に、包括的に提供する仕組みである。

（参考：厚生労働省「介護・福祉　地域包括ケアシステム」
https://www.mhlw.go.jp/stf/seisakunitsuite/bunya/hukushi_kaigo/kaigo_koureisha/chiiki-houkatsu/）

❶ 団塊の世代について、調べて説明しましょう。

_____

キーワード 地域包括ケアシステム／高齢化／住み慣れた地域／医療／介護　➡📖

❷ 次のイラストを見て、「地域包括ケアシステム」の仕組みについて話してみましょう。

❸ 地域包括ケアシステムは、どのようなものですか。[　]の中に言葉を書きましょう。

高齢者が［(1)　　　　　　　　　　　］地域で、できる限り継続して生活を送ることができるように、高齢者の状況や変化に応じて、［(2)　　　　　　　　　］、［(3)　　　　　　　　　　］、

［(4)　　　　　　　　　］、［(5)　　　　　　　　　］、［(6)　　　　　　　　　　］といった

支援を［(7)　　　　　　　　　］的に、［(8)　　　　　　　　　　］的に提供する仕組み

❹ 下線部①について、あなたの国はどうですか。話しましょう。

❺ あなたの「②住み慣れた地域」はどこですか。理由も話してみましょう。

❻ 「③人生の最期」とありますが、「最後」と「最期」の意味の違いを説明してください。

最後…＿＿＿＿＿＿＿＿＿＿＿＿＿＿　　　　最期…＿＿＿＿＿＿＿＿＿＿＿＿＿＿＿

Check! 次の文を読んで、正しいものに○、正しくないものに×を書きましょう。

(1) 「地域包括ケアシステム」とは、高齢者が住み慣れた地域で、できる限り継続して生活を送れるように高齢者を支えるための仕組みである。（　　）

(2) 日本では、2020年時点で、65歳以上の人口が約3,000万人を超えている。（　　）

キーワード　生活支援／介護予防／住まい／ケアマネージャー

🔍 言葉を調べてみましょう
ことば しら

		言葉 ことば	読み方 よ かた	意味 い み
☐	1	委託する	――	
☐	2	有効に		
☐	3	おおむね		
☐	4	擁護		

📖 読んでみましょう：「地域包括支援センター」
よ　　　　　　　　　　　　　ちいきほうかつしえん

　2005（平成17）年の介護保険法の改正で、地域包括支援センターの設置が決まった。市町村、または、市町村に委託された法人が設置する。地域包括支援センターは、地域包括ケアが有効に機能することを目指した地域の中核機関で、日常生活圏域（中学校区等、おおむね徒歩30分以内で必要なサービスを提供できる範囲）にある。

　地域包括支援センターの主な業務は4つある。「①介護予防ケアマネジメント業務」は、地域の高齢者が要介護にならないように介護予防の支援を行う。「②総合相談支援業務」は、住民からさまざまな相談を聞いたり、介護の制度やサービスを紹介したりする。「③権利擁護業務」は、虐待や金銭問題から高齢者を守るための取り組みを行う。「④包括的・継続的ケアマネジメント支援業務」では、地域の医療関係者、ボランティア、民生委員などと共に地域ケア会議を行う。また、介護支援専門員（ケアマネジャー）への支援を行ったりする。これらの業務は、主に保健師、社会福祉士、主任介護支援専門員の3つの専門職が連携して行っている。

❶ あなたの「日常生活圏域」には、生活に必要などのような施設がありますか。話してみましょう。
　　（例：銀行、図書館、郵便局、……）

❷ 保健師、社会福祉士、介護支援専門員は、どのような業務をする専門職か説明しましょう。
　　あなたの施設にいる場合は、どのような業務をしているか聞いてみましょう。

キーワード　　地域包括支援センター／相談支援／権利擁護／ケアマネジメント　　➡📖

❸ 文章を読んで、[　　]の中に言葉を書きましょう。

① [　　　　　　　　　　　]（または、そこに委託された法人）が地域包括支援センターを設置する。

② だいたい徒歩30分圏内の [　　　　　　　　　　　] 校区ごとに配置される。

③ 主に [　　　　　　　] [　　　　　　　　　] [　　　　　　　　　　　　　]
の3つの専門職が連携して業務を行っている。

❹ 次の表は、地域包括支援センターの業務についての説明です。

(1) 文章を読んで、A〜Dに業務名を書きましょう。

業務名	業務	主な専門職
A	虐待や金銭問題から高齢者を守るための取り組みを行う。	社会福祉士など
B	住民からさまざまな相談を聞いたり、介護の制度やサービスを紹介したりする。	社会福祉士など
C	地域の高齢者が要介護にならないように介護予防の支援を行う。	保健師
D	地域の医療関係者、ボランティア、民生委員等と連携して、地域ケア会議等を行う。介護支援専門員への支援を行ったりする。	主任介護支援専門員

(2) 次の説明は、地域包括支援センターのどの業務でしょうか。表のA〜Dから選びましょう。

① 地域で働くケアマネジャーを対象とした研修会を実施する。　（　　　）

② 「近所に住むおばあさんが虐待されているような気がするのですが……」等、高齢者への虐待について相談に乗る。　（　　　）

③ 介護予防のために、地域の高齢者を対象とした体操教室を開く。　（　　　）

④ 「家族が認知症と診断されたが、どうしたらいいかわからない」と言っている人に、介護の制度について説明する。　（　　　）

Check! 正しいものに○を書きましょう。正しくない場合は、誤っている部分に線を書きましょう。

地域包括支援センターは、地域のボランティアや民生委員等と連携して、地域ケア会議などを行っている。　（　　　）

キーワード　民生委員／保健師／介護支援専門員／主任介護支援専門員　　➡📖

国家試験問題を解こう

「第 26 回（平成 25 年度）介護福祉士国家試験」問題 12　　　　　（解答・解説は別冊 p.34）

介護保険法に関する次の記述のうち，適切なものを 1 つ選びなさい。

1　法の施行前は，国が高齢化対策に関しての計画を策定することはなかった。

2　家族の自助努力❶による介護の推進を基本としている。

3　保険給付は，介護給付と予防給付の 2 種類である。

4　国民の共同連帯❷の理念に基づくものである。

5　介護サービスの提供主体を社会福祉法人に限定している。

> 【確認しましょう】
> 下線部❶❷の意味を確認しましょう。
> ❶家族の自助努力　　❷国民の共同連帯

答え［　　　　　］ ＜ この答えを選んだ理由は？

「第 29 回（平成 28 年度）介護福祉士国家試験」問題 27　　　　　（解答・解説は別冊 p.34）

地域包括支援センターに関する記述のうち，正しいものを 1 つ選びなさい。

1　高齢者にかかわるボランティアや民生委員などと連携する。

2　介護福祉士が配置されることになっている。

3　各種介護保険サービスを包括的に提供する。

4　要介護高齢者にかかわるケアマネジメント業務を行う。

5　小学校区ごとに配置されることになっている。

答え［　　　　　］ ＜ この答えを選んだ理由は？

　Dさん（75歳，男性）は，介護福祉職のEさんの近所に3年前に引っ越してきた。Dさんは引っ越してきた時から一人暮らしである。最近，Dさんは，「米が盗まれてしまって，夕飯が作れなくて困っている。米を貸してほしい」と，夕方，Eさんの家をたびたび訪ねるようになった。Dさんの家族は海外赴任中の息子家族だけだと，以前Dさんから話を聞いたことがある。Eさんは息子と一度も会ったことはない。EさんがDさんについて相談する機関として，最も適切なものを1つ選びなさい。

1　福祉事務所

2　地域活動支援センター

3　居宅介護支援事業所

4　認知症疾患医療センター

5　地域包括支援センター

答え ［　　　　　］

この答えを選んだ理由は？

介護保険法の改正

介護保険法は、改正されています。改正された主な内容を確認しましょう。

2005（平成17）年の改正 （平成18年4月等施行） ↓	・介護予防サービス（新予防給付） ・地域密着型サービスの創設 ・地域包括支援サービスの創設〔⇒TOPIC3〕
2011（平成23）年の改正 （平成24年4月等施行） ↓	「地域包括ケアシステム」の推進〔⇒TOPIC2〕 ・単身・重度の要介護者等に対応できるよう、24時間対応の「定期巡回・随時対応サービス」や「複合型サービス」を創設
2014（平成26）年の改正 （平成27年4月等施行） ↓	「地域包括ケアシステム」の構築・費用負担の公平化 ・予防給付（訪問介護・通所介護）を地域支援事業※に移行 　　※地域支援事業：介護保険財源で市町村が取り組む事業 ・特別養護老人ホームの入所基準の厳格化（要介護3以上） ・一定以上の所得のある利用者の自己負担を2割に引き上げ
2017（平成29）年の改正 （平成30年4月等施行）	「地域包括ケアシステム」の深化・推進〔⇒TOPIC2〕 **介護保険制度の持続可能性** ・新たな施設サービス「介護医療院」の創設 ・高額所得利用者の自己負担を3割に引き上げ
2020（令和2）年の改正	2021年には介護報酬の改定が予定されており、以下の4つを主なテーマとして、新事業の創設などが議論されている。 1. 地域住民の複雑化・複合化した支援ニーズに対応する市町村の包括的な支援体制の構築の支援 2. 地域の特性に応じた認知症施策や介護サービス提供体制の整備等の推進 3. 医療・介護のデータ基盤の整備の推進 4. 介護人材確保、及び、業務効率化の取り組みの強化

キーワード　介護予防サービス／地域密着型サービス／予防給付／地域支援事業／居宅介護サービス　➡📖

自分のことば で 話してみましょう

> **1.** 日本では、以前、介護は家族で行っていましたが、皆さんの国や地域ではどうですか。日本のような介護保険制度や介護施設はありますか。日本と自分の国や地域を比べながら話しましょう

> **2.** あなたの地域の地域包括支援センターについて、調べましょう。
どこにありますか。どのようなことをしていますか。どのような専門職が働いていますか。せんぱいの意見を参考に、具体的に説明しましょう。

せんぱいの意見

私の地域に、「〇〇センター」という名前の地域包括支援センターがあります。そこでは、主任ケアマネージャー、社会福祉士、保健師などが中心となって、地域に住んでいる高齢者の皆さんの相談や支援を行っています。

Ⅰ. 〔　　〕の意味の言葉をa～cの中から選び、_____に入れましょう。

1. 日本は、_____、介護は家族で行っていた。　〔➡今より前のこと〕

    a．以降　　　　b．以前　　　　c．以上

2. 介護の必要性や重要性が_____高まっている。　〔➡これまでよりもさらに〕

    a．だんだん　　　　b．ますます　　　　c．そろそろ

3. 高齢者の権利を_____する。　〔➡権利をまもること〕

    a．擁護　　　　b．保護　　　　c．守護

4. 地域包括支援センターは、市町村または市町村から_____法人が設置する。　〔➡依頼された〕

    a．訪問された　　　　b．委託された　　　　c．相談された

5. 地域包括ケアシステムとは、「住まい」「医療」「介護」「生活支援」「介護予防」のサービスを

    _____に提供するシステムである。　〔➡まとめて〕

    a．包括的　　　　b．部分的　　　　c．直接的

Ⅱ. 正しいものに〇を書きましょう。正しくない場合は、誤っている部分に線を書きましょう。

1. 2015年（平成27年）4月に施行された介護保険制度の改正で、介護老人福祉施設の新規入所者を原則として要介護3以上の者にした。　（　　　）

2. 「地域包括ケアシステム」とは、高齢者が住み慣れた地域でできる限り継続して生活ができるようにするための仕組みである。　（　　　）

3. 地域包括支援センターは、介護福祉士が配置されることになっている。　（　　　）

4. 地域包括支援センターは、都道府県によって設置されることになっている。　（　　　）

5. 地域包括支援センターは、小学校区ごとに設置されることになっている。　（　　　）

国家試験では毎年、介護保険に関する問題がたくさん出ます。さまざまな試験問題に対応できるように、勉強しましょう！

第**13**課　介護保険②
介護保険のしくみとサービス

┌─ **学習目標** ─────────────────────

□ ❶「介護保険」に関する言葉の意味を理解する

□ ❷「介護保険（保険者・被保険者、介護認定・利用者負担、介護保険サービス）」
　に関する内容と専門用語を理解する

□ ❸「介護保険」に関する国家試験問題の内容を理解して答える

□ ❹自分の施設について説明したり、よいと思う介護サービスについて意見を述べた
　りする

└──────────────────────────────

┌─ **ウォーミングアップ** ─────────────

1 介護保険には、福祉用具を貸与するサービスがあります。①〜④のうち、貸してもら
えるものに〇をつけましょう。また、他にどのようなものが貸してもらえるか調べて
書きましょう。

① 車いす　　　　　　　　　　　② 特殊寝台（電動ベッド）

　（　　）　　　　　　　　　　　（　　）

③ ポータブルトイレ　　　　　　④ シャワーチェアー

　（　　）　　　　　　　　　　　（　　）

その他_____

2 介護保険には、高齢者が住みやすいように、住宅改修の
サービスがあります。どのようなことができるか調べて
書きましょう。

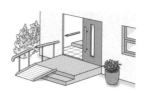

└──────────────────────────────

介護保険の保険者と被保険者

介護保険は、どんな人が利用できると思いますか。話しましょう。

言葉を調べてみましょう

		言葉	読み方	意味
☐	1	支払う		
☐	2	税金		
☐	3	運営		
☐	4	加入する		
☐	5	未満		
☐	6	疾病		
☐	7	申請		

読んでみましょう：「保険者と被保険者」

　介護保険は、40歳以上の人が支払う「保険料（介護保険料）」と「税金」で運営されている。運営は、市町村と特別区（東京23区）が行い、都道府県と国がサポートしている。運営者である市区町村を「保険者」と言い、介護保険に加入していて、サービスを受けられる人を「被保険者」と言う。被保険者は、65歳以上の「第一号被保険者」と40歳以上65歳未満の医療保険加入者の「第二号被保険者」に分けられる。サービスを受けられるのは、第一号被保険者のなかの要介護者と要支援者（→ p.150）、第二号被保険者のなかの特定疾病にかかっている人である。サービスを受けるためには、申請が必要である。

キーワード　介護保険／保険者／被保険者／医療保険

❶ 介護保険の被保険者について表にまとめましょう。

被保険者	要件1	要件2
第一号被保険者	原則① ＿＿＿＿歳以上	
第二号被保険者	② ＿＿＿＿歳以上＿＿＿＿歳未満	③ ＿＿＿＿＿＿＿＿＿＿＿加入者

第一号・第二号被保険者とも市町村の区域内に住所があることが必要である。

❷ 文章を読んで、[　　]の中に言葉を書きましょう。

① 介護保険を運営する組織を[　　　　　　]といい、市町村と特別区が運営を行っている。

② 介護保険に加入している人を[　　　　　　]という。

③ 介護サービスを受けられる人は、第一号被保険者の中の[　　　　　]と
[　　　　　　　]、第二号被保険者の中の[　　　　　　]にかかっている人である。

❸ 「特定疾病」は、次の16種類あります。知っているものにチェックをしましょう。

□ 1　末期がん

□ 2　筋萎縮性側索硬化症

□ 3　後縦靭帯骨化症

□ 4　骨折を伴う骨粗しょう症

□ 5　多系統萎縮症

□ 6　初老期における認知症

□ 7　脊髄小脳変性症

□ 8　脊柱管狭窄症

□ 9　早老症

□ 10　糖尿病性神経障害、糖尿病性腎症および
糖尿病性網膜症　[➡第6課]

□ 11　脳血管疾患(外傷性を除く)　[➡第7課]

□ 12　進行性核上性麻痺、大脳皮質基底核変性症
およびパーキンソン病　[➡第5課]

□ 13　閉塞性動脈硬化症

□ 14　関節リウマチ　[➡第4課]

□ 15　慢性閉塞性肺疾患

□ 16　両側の膝関節または股関節に著しい変形
を伴う変形性関節症

Check! 正しいものに○を書きましょう。正しくない場合は、誤っている部分に線を書きましょう。

(1) 介護保険サービスを利用する人を「保険者」という。　(　　)

(2) 介護保険の「保険者」は、市町村および特別区(東京23区)である。　(　　)

キーワード | 第1号被保険者／第2号被保険者／要介護者／要支援者／特定疾病

149

言葉を調べてみましょう

		言葉	読み方	意味
☐	1	窓口		
☐	2	認定		
☐	3	判定する		
☐	4	主治医		
☐	5	審査		
☐	6	通知する		
☐	7	該当		
☐	8	限度		
☐	9	負担		
☐	10	支給		

読んでみましょう 1 :「要介護認定」

　介護保険サービスを使いたいときは、まず、下の図のように、本人（被保険者）が市区町村の窓口に行って申請をする。その後、申請者の介護が必要かどうか、要介護認定を行う。

　この時、市区町村の認定調査員が申請者を訪問してその人の状況を調査する。調査の結果から、コンピューターでだいたいどのくらいの介護度か判定する。これを一次判定と呼ぶ。また、主治医にも申請者の状態について意見を聞く。一次判定の結果と、医師の意見書を合わせて、認定審査会で会議を行って、介護度を決める。これを二次判定と呼ぶ。

　介護度は、要支援1・2と要介護1〜5の7段階あり、要介護5が介護度の中で一番高い。二次判定後、認定結果が本人に通知される。健康な人の場合は、どの介護度にも当てはまらない「非該当（自立）」と認定されることもある。申請をしてから結果が通知されるまで約1か月かかる。

| キーワード | 要介護認定／認定調査員／介護認定審査会／介護度 | → 📖 |

150

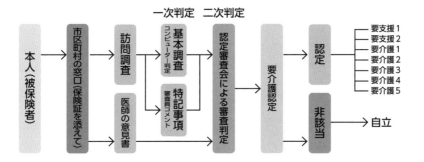

一次判定　二次判定

本人（被保険者）→ 市区町村の窓口（保険証を添えて）→ 訪問調査 / 医師の意見書 → 基本調査（コンピューター判定）/ 特記事項（審査員コメント）→ 認定審査会による審査判定 → 要介護認定 → 認定 → 要支援1 / 要支援2 / 要介護1 / 要介護2 / 要介護3 / 要介護4 / 要介護5
要介護認定 → 非該当 → 自立

❶ 介護認定は、どのように決まりますか。本文を読んで、次の下線に言葉を書きましょう。

① 本人（被保険者）が＿＿＿＿＿＿＿＿＿＿＿＿＿＿＿＿＿＿に行って申請する。

② 申請者の介護が必要かどうか＿＿＿＿＿＿＿＿＿＿認定を行う。

③ 一次判定はコンピューターによる審査である。一次判定の審査結果と医師の＿＿＿＿＿＿＿
＿＿＿＿＿＿を合わせて、＿＿＿＿＿＿＿審査会が二次判定を行う。

④ 二次判定後、認定結果が＿＿＿＿＿＿＿＿＿＿に通知される。

⑤ 介護度は、要支援＿＿＿＿と＿＿＿＿、要介護＿＿＿＿から＿＿＿＿までの7段階ある。

❷ あなたは、知り合いのAさんから「母親が介護が必要になったので、介護サービスを受けたい」という相談を受けました。Aさんの質問にどのように答えますか。②は、キーワードを参考にしましょう。

① Aさん：介護サービスを利用したいのですが、どこで申請したらよいですか。

あなた：＿＿＿＿＿＿＿＿＿＿＿＿＿＿＿＿＿＿＿＿＿＿＿＿＿＿＿＿＿＿＿

② Aさん：介護が必要かどうかどうやって判断しますか。　［キーワード：一次判定、二次判定、認定調査員、コンピューター、主治医の意見書、認定審査会］

あなた：＿＿＿＿＿＿＿＿＿＿＿＿＿＿＿＿＿＿＿＿＿＿＿＿＿＿＿＿＿＿＿

③ Aさん：介護度はいくつありますか。

あなた：＿＿＿＿＿＿＿＿＿＿＿＿＿＿＿＿＿＿＿＿＿＿＿＿＿＿＿＿＿＿＿

④ Aさん：申請をしてから、介護保険サービスが利用できるかどうかわかるまでどのくらいかかりますか。

あなた：＿＿＿＿＿＿＿＿＿＿＿＿＿＿＿＿＿＿＿＿＿＿＿＿＿＿＿＿＿＿＿

❸ 介護保険サービスを利用したいとき、どうすればよいか、❶と❷を参考に、自分の言葉で説明してみましょう。

キーワード　要介護者／要支援者　➡📖

151

　介護度によって、1か月の「利用限度額」と「自己負担額」が変わる。例えば、要介護5の利用限度額が358,300円の場合、358,300円がもらえるということではなく、358,300円分の介護サービスを利用できるということである。これを「利用限度額」という。利用限度額は、市町村によって異なる。介護保険サービスを利用したとき、利用者はサービス利用料の1〜3割を自分で支払う。これを「自己負担額」という。残りのサービス利用料は、介護保険から支払われる。このように、お金ではなくサービスが支給されることを「現物支給」という。

❶ 次の説明は、利用限度額と自己負担額のどちらの説明でしょうか。

① 介護サービスを利用したときに、自分で払う金額　　　＿＿＿＿＿＿＿＿額

② 介護サービスを使える最大の金額　　　　　　　　　＿＿＿＿＿＿＿＿額

❷ 利用限度額があるサービスを利用したことがありますか。どのようなものがあるか話しましょう。（例：携帯電話）

❸ 介護保険のようにお金ではなくサービスが支給されることを何と言いますか。

＿＿＿＿＿＿＿＿＿＿＿

Check! 正しいものに○を書きましょう。正しくない場合は、誤っている部分に線を書きましょう。

(1) 介護保険では、要介護度によって利用限度額が決められていて、全国どこでも同じ金額である。　（　　）

(2) 介護保険サービスの支給対象となる介護度は、6段階に区分されている。　（　　）

✏️ やってみましょう

❶ 次のページの介護保険サービスの表に読み方を書きましょう。

❷ 知っているサービスの番号に ☑ をつけましょう。

| キーワード | 利用者負担／利用限度額／自己負担額／現物給付 | ➡️ 📖 |

☑	No.	サービス名	読み方
		自宅で利用するサービス	
☐	1	訪問介護	
☐	2	訪問入浴介護	
☐	3	訪問看護	
☐	4	訪問リハビリテーション	
☐	5	夜間対応型訪問介護	
☐	6	定期巡回・随時対応型訪問介護看護	
☐	7	看護小規模多機能型居宅介護	
☐	8	居宅療養管理指導	
		自宅から通って利用するサービス	
☐	9	通所介護(デイサービス)	
☐	10	地域密着型通所介護(小規模デイサービス)	
☐	11	認知症対応型通所介護	
☐	12	通所リハビリテーション(デイケア)	
☐	13	短期入所療養介護(ショートステイ)	
☐	14	短期入所生活介護(ショートステイ)	
☐	15	小規模多機能型居宅介護	
		生活環境を整えるためのサービス	
☐	16	福祉用具貸与	
☐	17	特定福祉用具販売	
☐	18	住宅改修	
		生活の場を自宅から移して利用するサービス	
☐	19	介護老人福祉施設(特別養護老人ホーム)	
☐	20	地域密着型介護老人福祉施設入所者生活介護	
☐	21	介護老人保健施設	
☐	22	介護療養型医療施設	
☐	23	特定施設入居者生活介護	
☐	24	地域密着型特定施設入居者生活介護	
☐	25	認知症対応型共同生活介護 (認知症高齢者グループホーム)	
☐	26	介護医療院	
		計画をつくるサービス	
☐	27	居宅介護支援	

キーワード 介護保険サービス／福祉用具貸与／特定福祉用具販売／住宅改修／
居宅介護支援 ➡️📖

言葉を調べてみましょう

		言葉	読み方	意味
☐	1	小規模		
☐	2	多機能		
☐	3	密着		
☐	4	軽減		
☐	5	組み合わせる		
☐	6	定期		
☐	7	巡回		
☐	8	随時		
☐	9	診療		
☐	10	一体的に		

読んでみましょう1：「自宅から通って利用するサービス（通所サービス）」

利用者が、自宅から施設に通って利用するサービスは、通所介護（デイサービス）、小規模多機能型居宅介護、短期入所療養介護（ショートステイ）、認知症対応型通所介護、地域密着型通所介護（小規模デイサービス）、通所リハビリテーション（デイケア）、短期入所生活介護（ショートステイ）がある。

「通所介護」とは、日中、利用者が施設などに通って、食事、入浴、その他の必要な日常生活上の支援や生活機能訓練などを日帰りで提供するサービスである。利用者の心身機能の維持向上と、利用者の家族の負担を軽減するために行う。

「小規模多機能型居宅介護」とは、通いによるサービスが中心だが、利用者の希望などに応じて、訪問や宿泊を組み合わせることができる。入浴、排せつ、食事等の介護、その他、日常生活上の世話、機能訓練（リハビリテーション）を行う。

キーワード 通所系サービス／通所介護／地域密着型通所介護（小規模デイサービス）／認知症対応型通所介護 ➡️📖

❶ 文章を読んで次の質問に答えなさい。

① 「通所介護」はどのような目的のために行いますか。

　　利用者の＿＿＿＿＿＿＿＿＿と、利用者の家族の＿＿＿＿＿＿＿＿＿するため。

② 「小規模多機能型居宅介護」は、利用者の希望に応じて、どんなことができますか。

　　通いに＿＿＿＿＿や＿＿＿＿＿を組み合わせることができる。

❷ 次の表は、通所系サービスの表です。

(1) キーワードを参考に、（　　　　）に当てはまるサービス名を選んで書きましょう。

```
【通所系サービス】
通所介護　　　通所リハビリテーション　　　短期入所生活介護　　　短期入所療養介護
小規模多機能型居宅介護　　　認知症対応型通所介護　　　地域密着型通所介護
```

サービス名	サービスの内容（下線はキーワード）
①	通いによるサービスが中心だが、利用者の希望などに応じて、訪問や宿泊を組み合わせることができる
② （デイケア）	介護老人保健施設などにおいて日帰りでリハビリを行うサービス
③ （デイサービス）	日中、施設などに通ってもらい、食事、入浴、その他の必要な日常生活上の支援や生活機能訓練などを日帰りで提供するサービス
④ （ショートステイ）	特別養護老人ホームなどの施設に短期間入所してもらい、食事、入浴、その他の必要な日常生活上の支援や機能訓練などを行うサービス
⑤	認知症の方に対するデイサービス
⑥ （小規模デイサービス）	日中、小規模の施設などに通ってもらい、日常生活上の支援や生活機能訓練などを日帰りで提供するサービス
⑦ （ショートステイ）	介護老人保健施設などに短期間入所してもらい、医師や看護職員、理学療法士、作業療法士等による医療や機能訓練、日常生活上の支援などを行うサービス

キーワード　通所リハビリテーション／短期入所療養介護／短期入所生活介護／
小規模多機能型居宅介護　　　　　　　　　　　　　　　　　➡📖

155

（2）次の言葉を説明しましょう。

① 訪問
② 宿泊
③ 日帰り
④ 日常生活上の支援
⑤ 短期入所
⑥ 小規模の施設

❸ 次のサービスを説明しましょう。（例のように、覚えやすいように自分の言葉で説明を考えてみましょう。）

　　例：短期入所生活介護……介護施設に入所した利用者に対し、短期間、日常生活の支援やリハビリを行うサービス

① 通所リハビリテーション　＿＿＿＿＿＿＿＿＿＿＿＿＿＿＿＿＿
② 認知症対応型通所介護　＿＿＿＿＿＿＿＿＿＿＿＿＿＿＿＿＿
③ 小規模多機能型居宅介護　＿＿＿＿＿＿＿＿＿＿＿＿＿＿＿＿＿

📖 読んでみましょう 2：「自宅で利用するサービス（訪問系サービス）」

　利用者が自宅で受けるサービスには、訪問介護、訪問看護、看護小規模多機能型居宅介護（旧・複合型サービス）、夜間対応型訪問介護、訪問入浴介護、訪問リハビリテーション、定期巡回・随時対応型訪問介護看護、居宅療養管理指導がある。

　「訪問介護」とは、利用者が可能な限り、自宅で自立した日常生活を送ることができるように、訪問介護員（ホームヘルパー）が利用者の居宅を訪問して、食事・排泄・入浴などの介護（身体介護）や、掃除・洗濯・買い物・調理などの生活の支援（生活援助）をする。

　「訪問看護」とは、医師の指示で、看護師等が利用者の居宅を訪問し、健康チェック、療養上の世話または必要な診療の補助を行うサービスである。

　「看護小規模多機能型居宅介護」は、「小規模多機能型居宅介護」と「訪問看護」を組み合わせて提供するサービスで、医療的なケアを必要とする人が、住み慣れた家や地域で安心して生活することが可能になる。

❶ 文章を読んで次の質問に答えなさい。

① 「訪問介護」では、誰が利用者の居宅を訪問して、介護や生活支援を行いますか。

_____

② 「訪問看護」では、誰が利用者の居宅を訪問しますか。

_____

❷ 次の表は、訪問系サービスの表です。

(1) キーワードを参考に、（　　　）に当てはまるサービス名を選んで書きましょう。

> **【訪問系サービス】**
> 訪問介護　　　訪問入浴介護　　　訪問看護　　　訪問リハビリテーション
> 夜間対応型訪問介護　　　定期巡回・随時対応型訪問介護看護
> 看護小規模多機能型居宅介護　　　居宅療養管理指導

サービス名	サービスの内容（下線はキーワード）
① （旧・複合型サービス）	「小規模多機能型居宅介護」と「訪問看護」を組み合わせて提供するサービス
②	訪問介護員（ホームヘルパー）が利用者の居宅を訪問して、入浴、排泄、食事等の介護や調理、洗濯、掃除等の家事を行うサービス
③	夜間の定期巡回、緊急時の訪問や対応を行うサービス
④	自宅で入浴が困難な方に対して、浴槽を積んだ入浴車が利用者の居宅を訪問し、看護職員や介護職員が入浴の介護を行うサービス
⑤	利用者の居宅でリハビリを行うサービス
⑥	日中・夜間を通じて、訪問介護と訪問看護が一体的にまたは密接に連携しながら、定期巡回と随時の対応を行う
⑦	医師の指示で、看護師などが利用者の居宅を訪問し、健康チェック、療養上の世話または必要な診療の補助を行うサービス
⑧	在宅で療養していて、通院が困難な利用者の家を医師、歯科医師、看護師などが訪問して、療養上の管理や指導、助言等を行うサービス

キーワード　訪問系サービス／訪問介護／訪問介護員／ホームヘルパー／訪問入浴介護／訪問看護　➡ 📖

(2) 次の言葉を説明しましょう。

① 居宅

② 夜間

③ 定期巡回

④ 緊急時の訪問

⑤ 随時の対応

⑥ 密接に連携する

❸ 次のサービスを説明をしましょう。（サービスを覚えやすいように、自分の言葉で説明を考えてみましょう。）

① 訪問看護

_____

② 夜間対応型訪問介護

_____

③ 定期巡回・随時対応型訪問介護看護

_____

Check! 正しいものに〇を書きましょう。正しくない場合は、誤っている部分に線を書きましょう。

(1) 看護小規模多機能型居宅介護は、日中・夜間を通じて、訪問介護と訪問看護を一体的に提供し、定期巡回と随時の対応を行うサービスである。　（　　　）

(2) 小規模多機能型居宅介護とは、介護老人保健施設や病院などで、日帰りでリハビリテーションを行うサービスである。　（　　　）

キーワード　訪問リハビリテーション／夜間対応型訪問介護／
定期巡回・随時対応型訪問介護看護／看護小規模多機能型居宅介護／
居宅療養管理指導　　　➡️📖

生活の場を自宅から移して利用するサービス（施設サービス）

　生活の場を自宅から移して利用するサービスには、さまざまなサービス（p.153）があります。

　どのような施設でどのようなサービスを提供しているか確認しましょう。

サービス	サービスの内容	キーワード
介護老人福祉施設（特別養護老人ホーム・特養）	原則、要介護度3以上で、在宅での生活が難しい要介護者に、主に生活上の介助を行う。特別養護老人ホームとも呼ばれている（老人福祉法）。	要介護者、要介護度3以上
介護老人保健施設（老健）	病院で治療を受けて、病気の状態が安定している要介護者が対象である。在宅の生活に戻れるように、医療的な管理のなかで機能訓練を行う。機能訓練の専門職である理学療法士、作業療法士または言語聴覚士がいる。	機能訓練
認知症対応型共同生活介護（認知症高齢者グループホーム）	10人以下の認知症の要介護者が共同生活し、家庭的な環境の中で日常生活介護や機能訓練を行う。介護保険の地域密着型サービスのひとつ。	認知症対応型、グループホーム、10人以下
介護療養型医療施設	病状は安定しているが医療的管理が必要な要介護者に、心身の状態に合わせた支援を行う。2017年に廃止になって、代わりに「介護医療院」が創設された。	介護、療養型
介護医療院	医療が必要な要介護者に、必要な治療と日常生活の支援を長期的に行う。	長期的
地域密着型介護老人福祉施設入所者生活介護	入所定員が29人以下の介護老人福祉施設で、要介護者に日常生活上の世話、療養上の世話を行う。地域密着型サービスのひとつ。	地域、密着

キーワード　介護老人福祉施設／特別養護老人ホーム／介護老人保健施設／認知症対応型共同生活介護／グループホーム／介護療養型医療施設

地域密着型特定施設入居者 せいかつかいご 生活介護	ていいん にんいか ゆうりょうろうじん 定員29人以下の有料老人ホーム、ケアハ とくていしせつ にちじょうせいかつかいご きのう ウスなどの特定施設で日常生活介護や機能 くんれん おこな 訓練を行う。	ちいき みっちゃく 地域、密着、 とくてい にゅうきょしゃ 特定、入居者
とくていしせつにゅうきょしゃせいかつかいご 特定施設入居者生活介護	ゆうりょうろうじん とくていし 有料老人ホーム、ケアハウスなどの特定施 せつ にちじょうせいかつかいご きのうくんれん おこな 設で、日常生活介護や機能訓練を行う。	とくてい しせつ 特定、施設、 にゅうきょしゃ 入居者

<い み かくにん>
<意味を確認しましょう>

きのうくんれん 機能訓練	にんちしょうたいおうがた 認知症対応型	グループホーム	りょうようがた 療養型
ちょうきてき 長期的	ちいき 地域	みっちゃく 密着	にゅうきょしゃ 入居者

かいごろうじんふくししせつ
介護老人福祉施設
とくべつようごろうじん
(特別養護老人ホーム)

かいごろうじんほけんしせつ
介護老人保健施設

にんちしょうたいおうがたきょうどうせいかつかいご
認知症対応型共同生活介護
にんちしょうこうれいしゃ
(認知症高齢者グループホーム)

かいごいりょういん
介護医療院

キーワード

かいごいりょういん／ちいきみっちゃくがたかいごろうじんふくししせつにゅうしょしゃせいかつかいご／
介護医療院／地域密着型介護老人福祉施設入所者生活介護／
ちいきみっちゃくがたとくていしせつにゅうきょしゃせいかつかいご／とくていしせつにゅうきょしゃせいかつかいご
地域密着型特定施設入居者生活介護／特定施設入居者生活介護／
ちいきみっちゃく ゆうりょうろうじん
地域密着サービス／有料老人ホーム／ケアハウス

「第32回（平成31年度）介護福祉士国家試験」問題9　　　　　（解答・解説は別冊 p.35）

介護保険制度の被保険者に関する次の記述のうち，正しいものを1つ選びなさい。

1　加入は任意である。

2　第一号被保険者は、65歳以上の者である。

3　第二号被保険者は、20歳以上65歳未満の医療保険加入者である。

4　第一号被保険者の保険料は、都道府県が徴収する。

5　第二号被保険者の保険料は、国が徴収する。

答え［　　　　　］ ＞ この答えを選んだ理由は？

「第31回（平成30年度）介護福祉士国家試験」問題21　　　　　（解答・解説は別冊 p.35）

定期巡回・随時対応型訪問介護看護に関する次の記述のうち，最も適切なものを1つ選びなさい。

1　このサービスのオペレーターは，サービス提供責任者❶のことである。

2　利用者の状態の変化に応じて，随時訪問サービスを利用することができる。

3　介護・看護一体型では，訪問看護サービスを利用しても介護報酬❷は同一分❸である。

4　日常生活上の緊急時の対応は行っていない。

5　要支援者，要介護者のどちらも利用できる。

【確認しましょう】
下線部❶〜❸の意味を確認しましょう。
❶サービス提供責任者　　❷介護報酬　　❸同一分

答え［　　　　　］ ＞ この答えを選んだ理由は？

　Jさん（80歳，男性，要介護2）は，2年前に脳梗塞（cerebral infarction）を起こして，左片麻痺になった。Jさんは，自宅で妻（80歳）と過ごしたいと訪問介護（ホームヘルプサービス）を利用して，二人で暮らしていた。Jさんは，数か月前に肺炎（pneumonia）を起こして入院した。炎症症状は消失したが，MRSA（メチシリン耐性黄色ブドウ球菌）を保菌した状態❶で退院した。

　退院後のJさんは，なんとか立位がとれる状態❷である。排泄は，ポータブルトイレを利用して，妻が介助している。尿意はあり，1日の尿の回数も正常である。しかし，日が経つにつれて，妻には日に何回も行う立ち上がりや，ズボンや下着の上げ下ろしの介助は負担になり，時間がかかってJさんが失禁してしまうことも増えてきた。

> 【確認しましょう】
> 下線部❶❷の意味を確認しましょう。
> ❶炎症症状は消失したが，MRSAを保菌した状態
> ❷なんとか立位がとれる状態

　妻の介護負担は増してきている。妻は自分も高齢なことから，介助ができなくなったときにどうすればいいのか心配になってきた。通ったり，泊まれたり，自分の体調不良時にも自宅を訪問してくれるサービスを利用したいと考えている。妻の希望に沿ったサービスとして，最も適切なものを1つ選びなさい。

1　通所介護（デイサービス）
2　短期入所療養介護
3　小規模多機能型居宅介護
4　地域密着型特定施設入居者生活介護
5　地域密着型介護老人福祉施設入所者生活介護

この答えを選んだ理由は？

答え［　　　　　］

> **1.** | あなたの施設ではどのような介護サービスを受けられますか。説明してみましょう。

> **2.** | 介護保険サービスの中で、どのサービスが良いと思いますか。理由も話しましょう。せんぱいの意見を参考に考えてみましょう。

良いと思うサービス：

理由：

せんぱいの意見

通所介護がいいと思います。
日中、利用者は施設で過ごしますので、ご家族は仕事ができるからです。
夜間、利用者は家族と一緒に過ごせます。

Ⅰ. 〔　〕の意味の言葉をa〜cの中から選び、＿＿＿に入れましょう。

1. 要介護に＿＿＿方は、このサービスを受けることができます。

〔☛資格などを判断して決めること〕

　　a. 認定された　　　　b. 決心された　　　　c. 許可された

2. 審査の結果は、30日以内に本人に＿＿＿。　〔☛主に公的なことを知らせる〕

　　a. 郵送される　　　　b. 申請される　　　　c. 通知される

3. 利用者から依頼があれば、＿＿＿ホームヘルパーが訪問する。　〔☛いつでも〕

　　a. 随時　　　　b. 一時　　　　c. 終日

4. ＿＿＿に、利用者の家を訪問する。　〔☛決まった日時にいつも〕

　　a. 最終的　　　　b. 一時的　　　　c. 定期的

5. 看護と介護を＿＿＿に提供する。　〔☛いろいろなものを1つにして〕

　　a. 一体的　　　　b. 総合的　　　　c. 直接的

Ⅱ. 正しいものに〇を書きましょう。正しくない場合は、誤っている部分に線を書きましょう。

1. 介護保険法における保険者は、市町村および特別区である。　（　　）

2. 介護度は、二次判定で、国が会議を行って決める。　（　　）

3. 介護保険サービスの支給対象は、6段階に区分されている。　（　　）

4. 通所介護は、介護老人保健施設などで、日帰りでリハビリを行うサービスである。　（　　）

5. 小規模多機能型居宅介護は、通いによるサービスが中心だが、訪問や宿泊を組み合わせることができる。　（　　）

国家試験に合格するためには、どんな内容の介護サービスがあるのか理解する必要があります。
介護サービスについて自分で調べてみましょう！

第14課 障害者福祉①
障害者の法制度

+ 学習目標 +

☐ ❶「障害者福祉」に関する言葉の意味を理解する

☐ ❷「障害者福祉（障害者の定義、社会福祉制度の歴史、障害者に関する主な法律）」
に関する内容と専門用語を理解する

☐ ❸「障害者福祉」に関する国家試験問題の内容を理解して答える

☐ ❹ 自分の国や地域の障害者の法律について説明したり、意見を述べたりする

+ ウォーミングアップ +

1 下の絵は、障害のある人が生活する中で、困難なこと（バリア）をなくすための
「バリアフリー」のデザインです。他にどのようなものがあるか、話してみましょう。
また、使いやすいように工夫してある点についても説明しましょう。

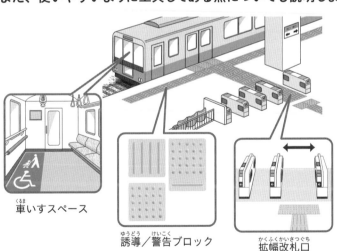

車いすスペース

誘導／警告ブロック

拡幅改札口

その他

2 あなたの国に、障害者に関する法律や制度がありますか。知っていることを話して
みましょう。

あなたの施設には障害がある方がいらっしゃいますか（身体障害、知的障害、精神障害、難病等）。
どのような介護や支援をしていますか。

言葉を調べてみましょう

	言葉	読み方	意味
□ 1	定義		
□ 2	制限を受ける		
□ 3	含む		
□ 4	肢体		
□ 5	交付する		

読んでみましょう：「障害者の定義」

　障害者とは、心身に障害があり、「くらしや社会との関係で、環境的に（行動等の）制限を受ける状態にある人」のことである。障害者基本法では、障害者を「身体障害、知的障害、精神障害（発達障害を含む）、その他の心身の機能の障害がある者」としている。障害者総合支援法でも、「身体障害者、知的障害者、精神障害者（発達障害者を含む）、難病等の患者」とし、障害者を18歳以上、障害児を18歳未満としている。

　「身体障害」とは、視覚障害、聴覚・言語障害、肢体不自由など、身体機能に障害があることである。身体障害者は、「身体上の障害がある18歳以上の者であって、都道府県知事から身体障害者手帳の交付を受けた者」で、「身体障害者福祉法」で定義されている。障害の種類や状態によって、身体障害者手帳が交付される。

　「知的障害」とは、18歳くらいまでに知的機能の障害が出てきて、日常生活での支援を必要とする状態のことである。知的障害者は、知的発達の程度や知能検査、適応能力により判断されるが、法律による定義はない。知的障害者には療育手帳が交付さ

キーワード	障害者／障害児／障害者基本法／身体障害(者)／知的障害(者) 精神障害(者)／発達障害(者)	→ 📖

れる。

　「精神障害」は、精神に障害があることである。脳の変化や障害により、さまざまな精神症状、身体症状、行動の変化が見られる。精神障害者は、統合失調症などの何らかの精神疾患（てんかんや知的障害、発達障害も含む）人のことで、「精神保健福祉法（精神保健及び精神障害者福祉に関する法律）」で定義されている。精神障害者保健福祉手帳が交付される。なお、知的障害と精神疾患を両方有する場合は、両方の手帳を受けることができる。

❶ 法律に書かれている障害者の定義を整理しましょう。

① 障害者基本法

障害者の定義：_____障害、_____障害、_____障害（_____障害を含む）、
　　　　　　　その他の_____の機能の障害がある者

② 障害者総合支援法

(1) 障害者の定義：_____障害者、_____障害者、_____障害者（_____障害者を含む）、_____等の患者

(2) 障害者の年齢：_____歳以上　　　障害児の年齢：_____歳未満

❷ 文章を読んで、①〜⑦に当てはまる言葉を選んで、次の表を完成させましょう。

障害者	主な障害	定義が書かれている法律	手帳
身体障害者	①（　　　　　　）不自由など、身体機能の障害	②（　　　　　　）法	③（　　　　　　）手帳
知的障害者	知的機能の障害	なし	④（　　　　　　）手帳
精神障害者	⑤（　　　　　　）症などの何らかの精神障害	⑥（　　　　　　）法	⑦（　　　　　　）手帳

Check! 正しいものに○を書きましょう。正しくない場合は、誤っている部分に線を書きましょう。

(1) 障害者総合支援法では、障害者を 20 歳以上の者としている。　（　　　）

(2) 精神障害者には、療育手帳が交付される。　（　　　）

キーワード　身体障害者福祉法／統合失調症／精神保健及び精神障害者福祉に関する法律
精神保健福祉法／身体障害手帳／療育手帳／精神障害者保健福祉手帳　➡📖

167

言葉を調べてみましょう

	言葉	読み方	意味
☐ 1	導入		
☐ 2	措置		
☐ 3	行政		
☐ 4	財源		
☐ 5	一元化する		
☐ 6	改称する		
☐ 7	拡充		

読んでみましょう：「障害者福祉制度」

　　障害者福祉制度は、2003 年 4 月の「**支援費制度**」の導入で、今までの「**措置制度**」から大きく変わった。「措置制度」では行政がサービスの利用先や内容などを決めていたが、「支援費制度」では障害のある方が自己決定ができるようになった。しかし、支援費制度の導入後、サービス利用者数の増加や財源問題、障害の種類（身体障害、知的障害、精神障害）によるサービスの格差、地域によるサービス水準の格差など、新たな課題が生じた。

　　これらの課題を解決するため、2005 年 11 月に「**障害者自立支援法**」が公布された。この法律では、これまで障害の種類ごとに異なっていたサービス体系を一元化した。さらに、障害の程度を表す全国共通の尺度として「障害程度区分」（現在の「障害支援区分」）を導入した。障害者自立支援法は、2010 年の改正で、利用者負担を軽減するように、利用者負担が見直された。2012 年 4 月から、サービスの利用量に応じて利用料を負担する「応益負担」から、収入など、利用者の払える能力に応じて利用料を負担する「応能負担」になった。2012 年にも法改正が行われ、2013 年から「障害者自立支援法」は「障害者総合支援法」に改称された。この改正で、障害者の範囲に「難病等」の追加、障害者への支援の拡充などが行われた。

| キーワード | 支援費制度／措置制度／障害者自立支援法／障害支援区分／障害程度区分 | ➡ |

❶ 次の説明は、応益負担と応能負担のどちらの説明でしょうか。

① 利用者の収入など、払える能力に応じて、料金を負担すること ＿＿＿＿＿＿負担

② 利用者が利用したサービス内容や量に応じて、料金を負担すること ＿＿＿＿＿＿負担

❷ 支援費制度が導入された後、どのような課題が出てきましたか。＿＿＿＿＿＿に課題を４つ書きましょう。また、それぞれどのような課題か、話しましょう。

① ＿＿＿＿＿＿＿＿＿＿＿＿＿＿＿＿＿＿＿＿＿＿＿＿＿＿＿＿＿＿＿＿＿＿＿＿＿

② ＿＿＿＿＿＿＿＿＿＿＿＿＿＿＿＿＿＿＿＿＿＿＿＿＿＿＿＿＿＿＿＿＿＿＿＿＿

③ ＿＿＿＿＿＿＿＿＿＿＿＿＿＿＿＿＿＿＿＿＿＿＿＿＿＿＿＿＿＿＿＿＿＿＿＿＿

④ ＿＿＿＿＿＿＿＿＿＿＿＿＿＿＿＿＿＿＿＿＿＿＿＿＿＿＿＿＿＿＿＿＿＿＿＿＿

❸ 文章を読んで、社会福祉制度の変化を表にまとめましょう。

2003 年	① ＿＿＿＿＿＿＿＿制度から ② ＿＿＿＿＿＿＿＿制度になった。 [改正のポイント] • ③ ＿＿＿＿＿＿＿がサービスの利用先や内容などを決めていたが、④ ＿＿＿＿＿＿＿が自分でサービスを決めて利用することができるようになった。
2005 年	⑤ ＿＿＿＿＿＿＿＿＿＿＿＿＿＿法が公布された。 [改正のポイント] • ⑥ ＿＿＿＿＿＿＿＿＿＿＿＿＿ごとに異なっていたサービス体系を ⑦ ＿＿＿＿＿＿＿ • 「障害程度区分」（現在の「⑧ ＿＿＿＿＿＿＿＿＿＿＿＿＿＿＿＿＿＿＿」）の導入
2010 年	[改正のポイント] • 利用者負担が見直されて、⑨ ＿＿＿＿＿＿＿負担から ⑩ ＿＿＿＿＿＿＿負担になって、利用者の負担が軽減された。
2013 年	⑪ ＿＿＿＿＿＿＿＿＿＿＿＿＿法は、⑫ ＿＿＿＿＿＿＿＿＿＿＿＿＿法となった。 [改正のポイント] • ⑬ ＿＿＿＿＿＿＿＿＿＿＿＿＿の追加、⑭ ＿＿＿＿＿＿＿＿＿＿＿＿＿の拡充

Check! 正しいものに〇を書きましょう。正しくない場合は、誤っている部分に線を書きましょう。

(1) サービスの利用者負担は、応能負担から応益負担になった。（ 　 ）

(2) 障害者福祉制度は、2003 年に支援費制度から措置制度になった。（ 　 ）

キーワード ｜ 応益負担／応能負担／障害者総合支援法 　　　　→📖

🔍 言葉を調べてみましょう

		言葉 ^{ことば}	読み方 ^{よみかた}	意味 ^{いみ}
☐	1	差別		
☐	2	解消		
☐	3	認め合う		
☐	4	共生		
☐	5	不当な		
☐	6	取り扱い		
☐	7	正当な		
☐	8	合理的な		
☐	9	バリア	——	
☐	10	取り除く		

📖 読んでみましょう：「障害者差別解消法」

法律名 ^{ほうりつめい}	障害者差別解消法 ^{しょうがいしゃさべつかいしょうほう} ＊「障害を理由とする差別の解消の推進に関する法律」のこと	
制定 ^{せいてい}	2013 年	施行 ^{しこう} 2016 年
目的 ^{もくてき}	この法律は、障害のある人もない人も互いに、その人らしさを認め合いながら、共生社会（共に生きる社会）をつくることを目指している。	
概要 ^{がいよう}	① 不当な差別的取り扱いの禁止： 役所（国・都道府県・市町村等）や事業者（会社やお店等）が、障害のある人に対して、正当な理由なく、障害を理由として差別することを禁止している。 ② 合理的配慮の提供： 役所や事業者は、障害のある人から、社会の中にあるバリアを取り除	

キーワード 障害者差別解消法／共生社会 ➡️📖

くために、何らかの対応を必要としていると伝えられたとき、負担が重すぎない範囲で対応しなければならない（事業者は、合理的配慮に務める義務がある）。

❶ 「社会の中にあるバリア」とは、例えばどのようなものでしょうか。

_____

❷ 次の行動を「不当な差別的取り扱い」と「合理的配慮の提供」に分けて、（　　）に書きましょう。

A．視覚障害の人がレストランに一人で入ったとき、店員が介助者と一緒に来るように求めた。
B．障害がある人とコミュニケーションをするときに、絵や写真、タブレットを使った。
C．聴覚障害の人が市の窓口に来たとき、窓口担当者が手話通訳者と一緒に来るように伝えた。
D．車いすの人が電車に乗るとき、駅員がスロープを使って補助した。

不当な差別的取り扱い　（　　　・　　　）
合理的配慮の提供　　　（　　　・　　　）

❸ ❷で選んだ「不当な差別的取り扱い」は、どのように対応すればよいでしょうか。「合理的配慮」をした対応を考えてみましょう。

• _____
• _____

❹ ❶以外の「合理的配慮の提供」を話してみましょう。

Check! 正しいものに〇を書きましょう。正しくない場合は、誤っている部分に線を書きましょう。

(1) 障害者基本法は、障害がある人と障害がない人が共に生きる社会（共生社会）を目指している。（　　）

(2) 障害者差別解消法は、役所のみに対して、不当な差別的取り扱いを禁止している。（　　）

キーワード　不当な差別的取り扱い／合理的配慮　　　➡️📖

障害者マーク

☑	マーク	マークの説明	見たことがある場所
☐ 1	♿	【障害者のための国際シンボルマーク】 障害者が利用できる建物、施設であることを明確に表すための世界共通のマーク ※すべての障害者を対象としている	
☐ 2	🚶	【盲人のための国際シンボルマーク】 視覚障害者の安全やバリアフリーに考えられた建物、設備、機器などに付けられている世界共通のマーク	
☐ 3	👤	【オストメイトマーク】 オストメイトのための設備（オストメイト対応のトイレ）に付いているマーク	
☐ 4	💗	【ハート・プラスマーク】 「身体内部（心臓、呼吸機能、じん臓、膀胱・直腸、小腸、肝臓、免疫機能）に障害がある人」を表しているマーク	
☐ 5	👂	【耳マーク】 聞こえが不自由なことを表すと同時に、聞こえない人・聞こえにくい人への配慮をも表すマーク	

❶ 1〜5のマークの説明を読んで、知っていたら ☑ しましょう。また、マークを見たことがある場所を書きましょう。

❷ 上のマーク以外に、知っているマークがありますか。

❸ あなたの国や地域に、どのようなマークがありますか。

「第30回介護福祉士国家試験問題 問題35（障害者マークに関する）」を解いてみましょう。
下記のマークが表しているものとして、正しいものを1つ選びなさい。

1 肢体不自由のある人が運転する自動車

2 障害者が利用できる建物，施設

3 義肢や義足などで援助や配慮を必要としている人

4 オストメイトであること，オストメイトのための設備があるトイレ

5 障害者の就労支援に取り組んでいる企業

答え［　　　　　］

 キーワード　障害者に関係するマーク／国際シンボルマーク／オストメイトマーク／
ハート・プラスマーク／耳マーク

国家試験問題を解こう

「第 32 回（平成 31 年度）介護福祉士国家試験」問題 88

（解答・解説は別冊 p.36）

「障害者差別解消法」に関する次の記述のうち，適切なものを 1 つ選びなさい。

1　法の対象者は，身体障害者手帳を持っている人である。

2　合理的配慮とは，全ての障害者に同じ配慮をすることである。

3　共生社会の実現を目指している。

4　障害者は，合理的配慮の提供に努めなければならない。

5　障害者差別解消支援地域協議会は，民間事業者で組織される。

答え［　　　　］

この答えを選んだ理由は？

「第 30 回（平成 33 年度）介護福祉士国家試験」問題 12

（解答・解説は別冊 p.36）

「障害者差別解消法」に基づく対応として，最も適切なものを 1 つ選びなさい。

1　車いすを使用している障害のある人がバスに乗車する時に，介助を依頼された乗務員が身体障害者手帳の提示を求めて，乗車を許可した。

2　聴覚に障害のある人が市の窓口に来た時に，窓口担当者が手話通訳者と一緒に来るように伝えた。

3　視覚に障害のある人がレストランに一人で入った時に，店員が介助者と一緒に来るように求めた。

4　知的障害のある人が市役所の会議に出席した時に，本人の申出に応じて，わかりやすい言葉で書いた資料を，主催者が用意した。

5　精神障害のある人がアパートの賃貸契約をする時に，不動産業者が医師の診断書の提出を求めた。

この答えを選んだ理由は？

答え［　　　　］

173

Ｆさん（21歳，男性，身体障害者手帳1級）は，大学1年生（18歳）の時に通学中の交通事故により両大腿切断術を受けた。その後，Ｆさんは19歳の時に大学を中退して，就労の社会経験がないまま，20歳の時に障害者支援施設に入所した。

現在，訓練中は両足に義足を装着し，2本の杖を使用して歩行できる状態である。また，自動車の運転免許取得に向けて取り組み，社会復帰を目指している。訓練以外では車いすを使用しており，日常生活は自立している。

Ｆさんは，運転免許を取得して自家用車を購入することにした。

全国一律❶に利用できる制度で，Ｆさんが自家用車利用に関して経済的負担を軽減できるものとして，最も適切なものを1つ選びなさい。

1　ドライブレコーダー❷の購入費
2　ガソリンの代金
3　自動ブレーキ装置❸の購入費
4　有料道路（高速自動車国道）の通行料金❹
5　ガソリンスタンドでの洗車料金

【確認しましょう】
下線部❶〜❹の意味を確認しましょう。
❶全国一律　❷ドライブレコーダー　❸自動ブレーキ装置　❹通行料金

この答えを選んだ理由は？

答え［　　　　］

> **1.** あなたの国や地域には障害者に対する法律がありますか。どんな法律か（対象、目的など）調べて話しましょう。**せんぱいの意見を参考に、具体的に説明しましょう。**

> **2.** 日本では、2016年に「障害者差別解消法」がつくられましたが、「障害者差別解消法」は必要だと思いますか。どうして、そのように思いますか。

せんぱいの意見

私の国には、障害者の権利を認める包括的な法律があります。
教育、雇用、職業訓練、交通などのサービスがあります。
障害者の社会への平等な参加を命じています。

Ⅰ. 〔　〕の意味の言葉を a 〜 c の中から選び、＿＿＿＿に入れましょう。

1. 障害者福祉制度は、2003 年 4 月に「支援費制度」が＿＿＿＿された。　〔➡取り入れること〕
   a．利用　　　　b．導入　　　　c．解消

2. 障害のある方の＿＿＿＿に基づき、サービスの利用ができる。　〔➡自分で決めること〕
   a．自己解決　　　b．他己決定　　　c．自己決定

3. サービス利用者数が＿＿＿＿する。　〔➡増えて、大きくなること〕
   a．増大　　　　b．上昇　　　　c．増進

4. 障害者手帳が＿＿＿＿された。　〔➡役所などが書類を渡すこと〕
   a．交付　　　　b．添付　　　　c．配付

5. 障害者という理由で＿＿＿＿差別をしてはいけない。　〔➡正しくない、適当ではない〕
   a．不当な　　　　b．当然な　　　　c．不満な

Ⅱ. 正しいものに○を書きましょう。正しくない場合は、誤っている部分に線を書きましょう。

1. 精神障害者には、療育手帳が交付される。　（　　　）

2. 障害者総合支援法では、障害者の定義に難病等の患者も含まれている。　（　　　）

3. 障害者福祉制度は、2003 年に支援費制度から措置制度になった。　（　　　）

4. 「障害者差別解消法」では、役所や事業者に対し、不当な差別的扱いを禁止している。　（　　　）

5. 「障害者差別解消法」は、共生社会の実現を目指している。　（　　　）

法律に出てくる日本語は難しいですね！　障害の分類を知ることで、いろいろな知識を整理しやすくなると思います。がんばって勉強しましょう！

障害者福祉②
障害者総合支援法のサービス

＋ 学習目標 ＋

- ☐ ❶「障害者総合支援法」に関する言葉の意味を理解する
- ☐ ❷「障害者総合支援法（概要、自立支援システム、障害者サービス）」に関する内容と専門用語を理解する
- ☐ ❸「障害者総合支援法」に関する国家試験問題の内容を理解して答える
- ☐ ❹ 障害者に対するサービスについて説明したり、よいと思うサービスについて意見を述べたりする

＋ ウォーミングアップ ＋

1 あなたの住んでいる地域では、障害者に対するどのような支援やサービスがありますか。調べて書いてみましょう。

2 障害者総合支援法では、申請によって必要と認められる場合、補装具の購入や修理費が支給されます。次のイラストの補装具を見たことがありますか。また他にどのような補装具があるか、調べてみましょう。

補装具とは？

補装具とは、失われた身体機能を補うもの、または、身体機能に代わるものである。障害者総合支援法は、利用者が補装具の申請をして認められると、補装具費が支給される。

障害者に対するサービスには、どのようなものがありますか。知っているサービスについて話しましょう。

🔍 言葉を調べてみましょう

		言葉	読み方	意味
☐	1	有無		
☐	2	〜に関わらず		
☐	3	相互に		

📖 読んでみましょう：「障害者総合支援法の概要」

法律名	**障害者総合支援法（2012 年に「障害者自立支援法」から改称）** ＊「障害者の日常生活及び社会生活総合的に支援するための法律」
制定	2005 年　　改正　　2012 年（施行：2013 年、2014 年）、2016 年（施行：2018 年）
概要	障害の有無に関わらず、国民が相互に、その人らしさを認め合いながら、共に生きる社会（共生社会）をつくることを目指している。法律の対象者は、身体障害者、知的障害者、精神障害者、難病患者、障害児（18 歳未満）である。法改正によって 2013 年から、障害者の範囲に難病等が追加された。障害者総合支援法の制度の運営主体は市（区）町村である。サービスを利用したときの利用者負担は、応能負担である。

● 障害者総合支援法についての表を完成させましょう。

目的	①_____に関わらず、国民が相互にその人らしさを認め合いながら、共に生きる社会（②_____）をつくることを目指している。
対象者	③_____
制度の運営主体	④_____
利用者負担	⑤_____負担

キーワード　障害者総合支援法／障害者自立支援法／共生社会／応能負担　　➡📖

言葉を調べてみましょう

		言葉	読み方	意味
☐	1	事業		
☐	2	区分		

読んでみましょう：「自立支援システム」

　障害者総合支援法の自立支援システムは、大きく分けて、「A 自立支援給付」と「B 地域生活支援事業」がある。「A 自立支援給付」は、介護の支援を受ける「介護給付」、訓練等の支援を受ける「訓練等給付」のほか、「自立支援医療」「補装具」「相談支援」がある。「B 地域生活支援事業」は、障害者が地域で自立した日常生活・社会生活を送ることができるように地域で支援するための事業である。

　「介護給付」「訓練等給付」を希望する場合、図1のように、まず市町村に申請をするが、支給決定までの流れが違う。「介護給付」の申請者は、申請後、市町村が実施する認定調査を受ける。調査項目は80項目ある。一次判定は、コンピューターによる判定、二次判定は市町村審査会による判定である。そこで、非該当、区分1～6のどれかに判定される。市町村は、二次判定の結果に基づいて、障害支援区分を認定する。「訓練等給付」の申請者には、申請後、障害支援区分の認定は行われない。

　申請者は、指定特定相談支援事業者が作成する「サービス等利用計画案」か、本人、家族、支援者等が作成するセルフプランを市町村に提出する。市町村は、「サービス等利用計画案」を見て支給決定を行う。

【図1】

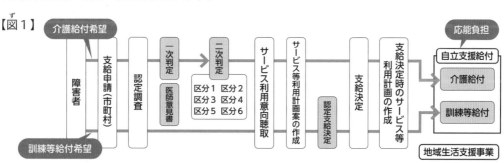

キーワード　自立支援システム／自立支援給付／地域生活支援事業／介護給付／訓練等給付

❶ 図2は障害者総合支援法の自立支援システムです。①②に当てはまる言葉を書きましょう。

【図2】

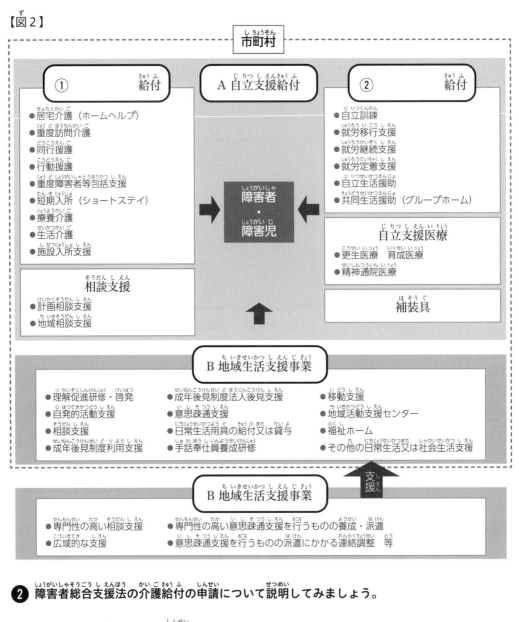

❷ 障害者総合支援法の介護給付の申請について説明してみましょう。

① ＿＿＿＿＿＿＿＿＿＿＿に申請する。

② 一次判定は＿＿＿＿＿＿＿＿＿＿による審査である。

③ ＿＿＿＿＿＿＿＿＿審査会が二次判定を行う。

④ 市町村は、二次判定の結果に基づいて、障害支援区分を認定する（区分＿＿＿から区分＿＿＿ まである）

⑤ 利用者は＿＿＿＿＿＿＿＿＿＿案、または、セルフプランを市町村に提出する。

キーワード	自立支援医療／補装具／相談支援／市町村審査会／障害支援区分／ サービス等利用計画案／セルフプラン

Check! 正しいものに〇を書きましょう。正しくない場合は、誤っている部分に線を書きましょう。

(1) 介護給付も訓練等給付も、希望者は市町村に申請する。　（　　）

(2) 障害支援区分の審査・判定は、介護認定審査会が行う。　（　　）

✏️ **やってみましょう**

❶ 介護給付と訓練給付のそれぞれのサービス名に読み方を書きましょう。

❷ 知っているサービスの番号に ☑ をつけましょう。

☑	No.	サービス名	読み方
介護給付			
☐	1	居宅介護(ホームヘルプ)	
☐	2	重度訪問介護	
☐	3	同行援護	
☐	4	行動援護	
☐	5	重度障害者等包括支援	
☐	6	短期入所(ショートステイ)	
☐	7	療養介護	
☐	8	生活介護	
☐	9	施設入所支援	
訓練等給付			
☐	10	自立生活援助	
☐	11	共同生活援助(グループホーム)	
☐	12	自立訓練(機能訓練)	
☐	13	自立訓練(生活訓練)	
☐	14	就労移行支援	
☐	15	就労継続支援(Ａ型)	
☐	16	就労継続支援(Ｂ型)	
☐	17	就労定着支援	

キーワード　｜　介護給付／訓練等給付　　　➡️📖

言葉を調べてみましょう
ことば　しら

		言葉 ことば	読み方 よ　かた	意味 い　み
☐	1	援護		
☐	2	代筆		
☐	3	代読		
☐	4	役割を担う		
☐	5	休息		
☐	6	回避する		
☐	7	創作		

読んでみましょう：「介護給付」
よ　　　　　　　　　　かいごきゅうふ

　　介護給付はその機能によって、訪問系、日中活動系、施設系の３つに分けられ、９つのサービスがある。

　　訪問系は、「居宅介護（ホームヘルプ）」「重度訪問介護」「同行援護」「行動援護」「重度障害者等包括支援」である。「同行援護」は、視覚障害により移動が難しい人が外出するときに、必要な情報提供（代筆や代読を含む）や、移動の援護などの外出の支援を行う。「行動援護」は、自己判断力が制限されている人が行動するときに、危険を回避するために必要な支援や外出支援を行う。

　　日中活動系は、「短期入所（ショートステイ）」「療養介護」「生活介護」がある。「短期入所」は自宅で介護を行っている方が病気の場合などに、短期間入所してもらい、入浴、排泄、食事等の介護を行う。このサービスは、レスパイトサービス（休息）としての役割も担っている。「生活介護」は、障害者施設等で、常に介護を必要とする方に対して、昼間、入浴、排泄、食事の介護などを行い、創作活動、生産活動の機会を提供する。

　　このほか、施設系のサービスとして「施設入所支援」がある。

キーワード　介護給付／居宅介護／ホームヘルプ／重度訪問介護
かいごきゅうふ　きょたくかいご　じゅうどほうもんかいご

❶ 次の表は、介護給付のサービスの表です。

(1) キーワードを参考に、（　　　　）に当てはまるサービス名を選んで書きましょう。

【介護給付】

居宅介護　　行動援護　　同行援護　　重度訪問介護　　重度障害者等包括支援

生活介護　　療養介護　　短期入所　　施設入所支援

サービス名	サービスの内容（下線はキーワード）	支援区分
①	自宅で入浴、排泄、食事、通院介助などの介護や、掃除、買い物などの家事支援を行う。	区分1以上
②	自己判断力が制限されている人が行動するときに、危険を避けるために必要な支援、外出支援を行う。	区分3以上
③	自宅で介護する人が病気の場合などに、短期間、夜間も含め施設で、入浴、排泄、食事等の介護を行う。	区分1以上
④	重度の肢体不自由者、または重度の知的障害、精神障害があり、常に介護を必要とする人に、自宅で、入浴、排泄、食事の介護、外出時の移動支援などを総合的に行う。	区分4以上
⑤	介護の必要性がとても高い人に居宅介護など複数のサービスを包括的に行う。	区分6
⑥	常に介護を必要とする人に、主に、日中、入浴、排泄、食事などの介護や、創作的活動等の機会を提供する。	区分3以上（50歳以上は区分2以上）
⑦	視覚障害があるため、移動が困難な人に、外出時に必要な援助を行う。	なし

キーワード 同行援護／行動援護／重度障害者等包括支援／短期入所／ショートステイ　➡ 📖

（2）次の言葉を説明しましょう。

① 通院介助

② 自己判断力

③ 重度の肢体不自由者

❷ 文章を読んで、このような方には、上記の①～⑤のどのサービスが利用できるか考えましょう。

視覚障害のある方が、外出して映画を見に行きたいと思っている。　＿＿＿＿＿＿＿＿＿＿

❸ 次のサービスを調べて、説明してみましょう。（覚えやすいように自分の言葉で説明を考え

てみましょう。）

① 居宅介護　　　　＿＿＿＿＿＿＿＿＿＿＿＿＿＿＿＿＿＿＿＿＿＿＿＿＿＿＿

② 療養介護　　　　＿＿＿＿＿＿＿＿＿＿＿＿＿＿＿＿＿＿＿＿＿＿＿＿＿＿＿

③ 施設入所支援　　＿＿＿＿＿＿＿＿＿＿＿＿＿＿＿＿＿＿＿＿＿＿＿＿＿＿＿

Check! 正しいものに○を書きましょう。正しくない場合は、誤っている部分に線を書きましょう。

（1）施設入所支援とは、施設入所者を対象とし、主に夜間に行われる入浴・排泄・食事の介護

などである。　（　　　）

（2）行動援護とは、視覚障害者の移動を支援するサービスである。　（　　　）

キーワード　療養介護／生活介護／レスパイトサービス／施設入所支援　➡📖

Topic 4 障害者サービス②（訓練等給付）

言葉を調べてみましょう

言葉	読み方	意味
☐ 1 一般企業		
☐ 2 就労		
☐ 3 一定期間		
☐ 4 雇用契約		
☐ 5 定着		

読んでみましょう：「訓練等給付」

　訓練等給付には、共同生活援助（グループホーム）と、訓練・就労系のサービスがある。「就労移行支援」は、一般企業への就労を希望する人に、一定期間、就労に必要な知識や能力の向上のために必要な訓練を行う。

　「就労継続支援」は、一般企業での就労が難しい人に、働く場を提供するとともに、知識や能力向上のために必要な訓練を行う。雇用契約を結ぶA型と、雇用契約を結ばないB型がある。

　2016年の障害者総合支援法の改正によって、2018年から「就労定着支援」と「自立生活援助」のサービスが追加された。

　「就労定着支援」は、就労移行支援を使って、働き始めた障害者等の、就労に伴う生活面の課題に対応するための支援を行う。「自立生活援助」は、一人暮らしに必要な理解力や生活力を補うために、定期的な居宅訪問や、随時の対応で日常生活の課題を把握し、必要な支援を行う。

キーワード　訓練等給付／共同生活援助／グループホーム／就労移行支援／就労継続支援

❶ 次の表は、介護給付のサービスの表です。

(1) キーワードを参考に、（　　　）に当てはまるサービス名を選んで書きましょう。

```
【訓練等給付】

自立訓練    就労移行支援      就労継続支援

共同生活援助    自立生活援助     就労定着支援
```

サービス名	サービスの内容（下線はキーワード）	支援区分
① （グループホーム）	夜間や休日に、共同生活を行う住居で、相談、入浴、食事、排泄、日常生活の援助を行う。	要件なし
②	自立した日常生活ができるように、一定期間、身体機能や生活能力の維持や向上のために必要な訓練を行う。	要件なし
③	企業への就職を希望する人に、一定期間、就労に必要な知識や能力の向上のため、必要な訓練を行う。	要件なし
④	一般企業での就労が難しい人に、働く場を提供する。知識や能力の向上のために必要な訓練を行う。	要件なし
⑤	働き始めた障害者等が就労に伴う生活面の課題が出てきたときに、事務所や家族との連絡調整を行って対応する。	要件なし
⑥	障害者支援施設等を利用していた障害者で一人暮らしを希望する者等に、定期巡回訪問や、随時対応や支援を行う。	要件なし

(2) 次の言葉を説明しましょう。

① 就職を希望する人

② 就労に伴う生活面の課題

キーワード　障害者総合支援法の改正／就労定着支援／自立生活援助　　➡📖

❷ 文章を読んで、このような方には、上記のどのサービスが利用できるか考えましょう。

① 就労を希望する人が、生産活動や職場体験などを通して、就労に必要な知識や能力を訓練

したいと思っている。 _____

② 身体障害のある方が、歩行訓練やリハビリを行うサービスを受けたいと思っている。

_____

❸ 次のサービスの説明をしてみましょう。（覚えやすいように自分の言葉で説明を考えてみま

しょう。）

① 自立訓練（機能訓練） _____

② 自立訓練（生活訓練） _____

③ 共同生活援助（グループホーム） _____

Check! 正しいものに〇を書きましょう。正しくない場合は、誤っている部分に線を書きましょう。

(1) 自立生活援助とは、一般企業で働くことが難しい人に働く場を提供しつつ、知識や能力向
上に必要な訓練をするものである。 （　　　）

(2) 就労定着支援とは、一般就労に移行した人に、就労に伴う生活面の課題に対応するための
支援を行うサービスである。 （　　　）

キーワード　自立訓練（機能訓練）／自立訓練（生活訓練）　　　➡📖

国家試験問題を解こう

「第26回（平成25年度）介護福祉士国家試験」問題15　　　　　　　　（解答・解説は別冊 p.36）

「障害者総合支援法」に関する次の記述のうち，正しいものを1つ選びなさい。

1　財源が，税方式から社会保険方式に変更された。

2　対象となる障害者の範囲に，難病患者等が加えられた。

3　利用者負担が，応能負担から応益負担に変更された。

4　地域包括支援センターの設置が，市町村に義務づけられた。

5　重度肢体不自由者に対する重度訪問介護が創設された。

この答えを選んだ理由は？

答え［　　　　　］

「第27回（平成30年度）介護福祉士国家試験」問題13　　　　　　　　（解答・解説は別冊 p.37）

「障害者総合支援法」に関する次の記述のうち，適切なものを1つ選びなさい。

1　法律の目的には，障害児の保護者の所得保障が規定されている。

2　障害者の年齢を20歳以上と規定している。

3　知的障害者や精神障害者の場合は，その家族が支給決定の申請をすることとしている。

4　障害児の障害支援区分認定のための調査は，保護者の申告があれば行わなくてもよい。

5　障害児の障害支援区分の審査，及び判定を行う場合，市町村審査会はその対象となる障害者の家族に意見を聞くことができる。

この答えを選んだ理由は？

答え［　　　　　］

　　Mさん（19 歳，男性）は，染色体❶の異常による疾患で知的障害がある。特別支援学校❷の卒業後，自立した生活を目指して，両親から離れて，共同生活援助（グループホーム）を利用している。日中は，一定期間（おおむね 24 か月を標準とする）必要な訓練を受けることができる日中活動のサービスを利用して，生産活動の訓練，職場体験❸の機会の提供などを受けている。Mさんは，毎朝，このグループホームから駅まで歩いて，電車で日中活動の場所まで通っている。Mさんは，楽しそうに生き生きと訓練に励んでいる。Mさんが利用している日中活動のサービスとして，正しいものを 1 つ選びなさい。

1　就労移行支援

2　自立訓練（生活訓練）

3　就労継続支援 A 型（雇用型）

4　就労継続支援 B 型（非雇用型）

5　地域移行支援

【確認しましょう】
下線部❶〜❸の意味を確認しましょう。
❶染色体　　❷特別支援学校　　❸職場体験

答え［　　　　　］　　この答えを選んだ理由は？

Dさん（59歳，女性）は30年前に関節リウマチ（rheumatoid arthritis）を発症して現在，障害者支援施設に入所している。Dさんは，朝は手の動きが悪く痛みがあるが，午後，痛みが少ないときは関節を動かす運動を行っている。足の痛みで歩くのが難しく車いすを使用しているが，最近は手の痛みが強くなり，自分で操作することが難しい。また，食欲がなく，この1か月間で体重が2kg減っている。夜中に目が覚めてしまうこともある。使っていた車いすを自分で操作することが困難になったDさんが「障害者総合支援法」で電動車いすを購入するときに利用できるものとして，適切なものを1つ選びなさい。

1　介護給付費

2　補装具費

3　自立支援医療費

4　訓練等給付費

5　相談支援給付費

この答えを選んだ理由は？

答え［　　　　　　］

　Lさん（25歳，男性，障害支援区分5）は，大学2年生の時，交通事故が原因で頸髄損傷❶となった。現在は毎日，居宅介護を利用しながら，母親と生活している。

　Lさんは四肢麻痺のため自分で体を動かすことができずに，多くの時間をベッドで過ごしている。

　リクライニング式車いす❷に移乗するときは，移乗リフト❸を使用している。Lさんは，母親の腰痛が悪化していることを知っているので，母親に介助を頼むことを遠慮している。そのため，介護福祉職が来たときに，リクライニング式車いすに乗せてもらっている。Lさんは車いすで座位になると，たびたび起立性低血圧❹で気分が悪くなる。

　日中はマウススティックを使用して，パソコンで友人とメールのやり取りを楽しんでいる。

　最近はパソコン教室に週1回は通いたいと考え「長時間の外出時の移動の介助をお願いしたいがどうしたらよいか」と介護福祉職に相談した。

【確認しましょう】
次の❶〜❹の言葉の意味を確認しましょう。
❶頸髄損傷　❷リクライニング式車いす　❸移乗リフト　❹起立性低血圧

　介護福祉職は，Lさんがパソコン教室に通うことができるように，相談支援専門員にサービス等利用計画書の変更を相談したいと考えている。Lさんが利用できるサービスとして，最も適切なものを1つ選びなさい。

1　同行援護
2　行動援護
3　重度訪問介護
4　自立訓練事業
5　成年後見制度利用支援事業

この答えを選んだ理由は？

答え［　　　　　］

自分のことば で話してみましょう

> **1.** 障害の有無に関わらず、暮らしやすい地域にするために、どのような支援やサービスがあるといいと思いますか。考えてみましょう。

例：美術館に目が見えない人も楽しめる音声サービスがある。

> **2.** 障害者総合支援法のサービスの中で、どのサービスが良いと思いますか。p.179の表から、良いと思ったサービスを選びましょう。また、その理由も話しましょう。せんぱいの意見を参考に考えてみましょう。

良いと思うサービス：

理由：

せんぱいの意見

就労移行支援です。一般企業への就労を希望する人に一定期間、就労に必要な知識や能力の向上のために必要な訓練を行うので、若い障害者は仕事をすることができるようになります。また、自立して生活ができるようになると思います。

クールダウン

I. 〔　〕の意味の言葉をa～cの中から選び、＿＿＿に入れましょう。

1. Aさんは、着られなくなった洋服でかばんや小物など、いろいろなものを＿＿＿している。

〔☛新しいものを作ること〕

    a．想像　　　　b．創作　　　　c．購入

2. Bさんは、一般企業で＿＿＿することを希望している。　〔☛はたらく〕

    a．就職　　　b．就労　　　　c．就任

3. 能力を向上させるために、施設で＿＿＿、訓練を行う。　〔☛ある決められた期間〕

    a．一定期間　　　b．有効期間　　　c．賞味期限

4. 就労を＿＿＿していくために、必要な支援について考える。　〔☛ずっと続ける〕

    a．進行　　　　b．普及　　　　c．継続

5. 暮らしやすい施設にするにはどうしたらよいか、利用者も職員も＿＿＿考えよう。　〔☛一緒に〕

    a．共に　　　　b．速やかに　　　　c．具体的に

II. 正しいものに〇を書きましょう。正しくない場合は、誤っている部分に線を書きましょう。

1.「障害者総合支援法」は、応益負担である。　（　　）

2. 居宅介護は、ホームヘルパーが利用者の自宅を訪問し、自宅で入浴、排泄、食事などの介護を
行う。　（　　）

3.「就労継続支援A（雇用）型」とは、一般企業などへの就労を希望する人に、一定期間、就労に
必要な知識、能力の向上のために必要な訓練を行う。　（　　）

4. 行動援護とは、視覚障害者の移動を支援するサービスである。　（　　）

5. 障害支援区分の審査・判定は、市町村審査会が行う。　（　　）

この課では、障害者の生活を支える制度について学びました。介護職は高齢者だけではなく、障害者の方の生活も支援していきます。どのようなサービスがあるのか、理解しておきましょう！

復習しましょう

1. 障害者総合支援法と介護保険法の比較

介護保険制度・障害者総合支援法を調べて比較し、空白に言葉を書きましょう。

		介護保険法	障害者総合支援法
保険者／運営主体		市（区）町村	市（区）町村
被保険者／対象者		第1号被保険者： ①_____歳以上 第2号被保険者： ②_____歳以上、_____歳 未満の医療保険加入者	障害者：③_____歳以上 障害児：④_____歳未満 対象： 身体障害、知的障害、精神障害 （発達障害を含む）、難病等の患者
要介護認定 ／障害支援 区分認定	申請先	市（区）町村	市（区）町村
	調査項目	74項目	80項目
	審査会	介護認定審査会	市町村審査会
	区分	要支援1・2、要介護1～5の ⑤____区分	区分1～区分6の ⑥____区分
福祉用具／補装具		⑦_____貸与 ⑧_____購入	⑨_____ 日常生活用具
利用者負担		⑩_____負担	⑪_____負担

補装具にはどのようなものがありますか。調べてみましょう。

例：□義足　　□義手　　□車いす

2. 介護・福祉サービスに関するクイズ

先輩が考えたクイズに答えてみましょう。自分でもクイズを考えて、友達に出してみましょう。

先輩が考えたクイズ

正しい場合は〇、正しくない場合は×を書きましょう。

A.介護サービス

① 介護保険に加入している人を被保険者という。　（　　）

② 福祉用具販売は、13種目である。　（　　）

③ 訪問介護は、利用者の居宅を訪問し、必要な診療の補助を行うサービスである。　（　　）

④ 日中・夜間を通じて、定期訪問と随時の対応を一体的に介護と看護が連携しながら提供するサービスは、通所介護である。　（　　）

⑤ 定期巡回・随時対応訪問介護看護は、要支援の利用者も要介護の利用者も利用できる。

　（　　）

B.福祉サービス

① 障害者の定義に「発達障害」は含まれない。　（　　）

② 障害者総合支援法のサービス対象者は、身体障害者、知的障害者、精神障害者である。

　（　　）

③ 障害者総合支援法の利用者負担は、応能負担である。　（　　）

④ 行動援護とは、肢体不自由により、行動が著しく困難である人に支援を行う。　（　　）

⑤ 重度訪問介護は、区分3から利用できる。　（　　）

あなたが考えたクイズ

A.介護サービス

問題	
答え	解説

B.福祉サービス

問題	
答え	解説

［監修者・著者紹介］

西郡 仁朗（にしごおり　じろう）＊監修

所属：東京都立大学人文社会学部長，人文科学研究科長，日本語教育学教授

専門は日本語教育学．特に介護福祉分野の日本語教育，音声教育，ICT 利用の日本語教育．国際協力機構（JICA 沖縄），東京外国語大学留学生日本語教育センターなどを経て現職．共編書に，西原鈴子・西郡仁朗編『講座社会言語科学　第 4 巻　教育・学習』（ひつじ書房，2008），主な論文に，「言語教育」中島平三（編）『言語の事典』pp.478-491（朝倉書店，2005），寄稿論文に，「介護福祉の日本語教育の現状と支援者の育成——介護の日本語 Can-do ステートメントを中心に」『日本語教育』172 号，pp.18-32（日本語教育学会，2019）などがある．

奥村 匡子（おくむら　きょうこ）

所属：神奈川大学国際日本学部国際文化交流学科　特任助教

専門は，日本語教育学．EPA介護福祉士候補者や留学生への日本語教育に携わる．一般財団法人海外産業人材育成協会にて，EPA介護福祉士候補者への就労前研修，首都大学東京（現東京都立大学）にて，EPA介護福祉士候補者への日本語教育に従事．『介護の専門日本語——まなびのリソース集』（科学研究費 16H07101 成果物）の作成，「介護の専門日本語ミニ講義シリーズ」の開発に携わる．主な論文に，「デジタルコンテンツを利用した介護の専門日本語教育」『人文学報』516，pp.51-58（共著，首都大学東京人文科学研究科人文学報編集委員会，2020）などがある．

野村 愛（のむら　あい）

所属：前東京都立大学人文科学研究科　非常勤講師

専門は，日本語教育学．社会福祉法人聖隷福祉事業団，公益社団法人国際厚生事業団，首都大学東京（現東京都立大学）等にて，EPA介護福祉士候補者への日本語教育に従事．『やさしい日本語版 介護福祉士新カリキュラム学習ワークブック』（静岡県発行），『介護の専門日本語——まなびのリソース集』（科学研究費 16H07101 成果物）の作成，「チュウ太の Web 辞書（介護語彙）」「かいごのご！」「介護の専門日本語ミニ講義シリーズ」の開発に携わる．主著に，『外国人看護・介護人材とサスティナビリティ——持続可能な移民社会と言語政策』（共著，くろしお出版，2018）などがある．

石井 清志（いしい　きよし）

所属：国際医療福祉大学成田保健医療学部作業療法学科　助教

2002 年に作業療法士の国家資格を取得後，総合病院やデイケア，クリニックに勤務．その後，NGO 駐在員や開発コンサルタントとして，タジキスタンなどで障害者支援にも従事した．2011 年に介護福祉士の資格を取得．2016 年より現職となり，EPA介護福祉士候補者の支援にも携わるようになる．これまでに国内外で介護の専門日本語に関する講義や介護福祉士国家試験対策，特定技能の試験対策を担当．主著に，『国際リハビリテーション学——国境を越える PT・OT・ST』（共著，羊土社，2016）などがある．2011 年に介護福祉士国家試験合格，2018 年に介護支援専門員実務研修受講試験合格．

［執筆協力］

小久保 ゆき（こくぼ　ゆき）　明日見らいふ南大沢所属、介護福祉士・社会福祉士

モンティシリヨ・シンデレラ・メイ リベラ　EPA 介護福祉士

高野 駿（たかの　しゅん）　東京都立大学大学院人文科学研究科博士前期課程修了、日本語教育学専門

［イラスト］

酒井 弘美（さかい　ひろみ）

［画像提供・協力］

財団法人日本障害者リハビリテーション協会，社会福祉法人日本盲人福祉委員会，
公益社団法人日本オストミー協会，特定非営利活動法人ハート・プラスの会，
一般社団法人全日本難聴者・中途失聴者団体連合会

※本テキストは、科学研究費基盤（B）「介護の専門日本語教育のモデルカリキュラムの策定とICT を利用した学習コースの開発」（研究代表者：西郡仁朗）、科学研究費補助金 研究活動スタート支援「EPA介護福祉士候補者の自律学習に関する実態調査と実践研究」（研究代表者：野村愛）の助成を得て作成されたものである

介護の専門日本語
介護福祉士国家試験合格をめざす人のために

2021年2月25日　初版第1刷発行

監　　　修	西郡仁朗
著　　　者	奥村匡子，野村愛，石井清志
発　　　行	株式会社 凡人社 〒102-0093　東京都千代田区平河町 1-3-13 電話 03-3263-3959
本文・カバー デ ザ イ ン	コミュニケーションアーツ株式会社
印 刷・製 本	倉敷印刷株式会社

ISBN 978-4-89358-982-8